董晓彤 著

毛泽东手书古诗词十七讲

人民东方出版传媒
东方出版社

诗为心语 书为心画

中国，是诗歌的国度。

诗歌，是中国人的精神故乡。

从"关关雎鸠，在河之洲"到"朝饮木兰之坠露兮，夕餐秋菊之落英"；

从"山有木兮木有枝，心悦君兮君不知"到"对酒当歌，人生几何"；

从"我寄愁心与明月，随君直到夜郎西"到"黄沙百战穿金甲，不破楼兰终不还"；

从"一江春水向东流"到"一蓑烟雨任平生"；

从"如花美眷，似水流年"到"花谢花飞花满天"；

……

诗歌，写尽了铁马秋风塞北、杏花烟雨江南的中国；写尽了喜怒哀乐、悲欢离合的人生。

当历史的车轮行进到近代，为了启迪民智，解放思想，一批曾经在中华传统文化浸润下成长起来的知识分子不得不举起批驳的武器，面向着自己的"故乡"——旧体诗歌。白话文取代文言文，新诗取代旧诗，成了那个时代的选择。

旧体诗歌，该何去何从？

此时,一个身影走了出来。

他的身上有着天然的冲破传统的现代性,但他却接受并创作着、喜爱着代表传统的旧体诗歌。他是打破一切又创造一切的革命家,他又是在浪漫与激情中遨游的诗人。

诗人、政治家,这两个名词,在他的身上得到恰到好处的融合。而这一融合,也成了历史的绝响。

他,就是毛泽东。

从少年时代直至生命尽头,毛泽东一生都在读诗、写诗。诗,早已成为他生命中的重要组成。

然而,并不是所有写诗的人都可以被称为"诗人"。毛泽东之所以成为"诗人",不仅仅是因为他写诗,更重要的是他懂诗。

他怀抱着充沛的情感读诗,他用职业批评家的眼光评诗,他以人们意想不到的方式用诗。

他在汪洋恣肆的诗海中游弋。曾有人做过统计,经他圈画和批注过的古典诗词作品中有1180首诗,378首词,12首曲,20篇赋,涉及429位诗人。

诗为心语。

曾赴延安的美国记者史沫特莱说：在毛泽东的意识深处，有一扇门，一直没有向其他人打开。

打开这扇门，就读懂了毛泽东。

打开这扇门，需要回到诗歌。

回到诗歌，不仅仅是回到毛泽东所创作的诗歌，更需要回到毛泽东读诗、评诗、用诗的历史场景、艺术特色、方式方法，探求他于诗歌这一最隽永的情感表达形式中所流露出的内在情愫。

那么，毛泽东如何读诗、如何评诗、如何用诗呢？

"偏于豪放，不废婉约"是毛泽东读诗的兴趣选择；"知人论世，如遇知己"是毛泽东读诗的真情流露；"精钻专研，深思细究"是毛泽东读诗的专业态度。

"诗中见人，人中论诗"是毛泽东评诗的出发点；"诗言志，歌咏怀"是毛泽东评诗的艺术准则；"反其意而论之"，是毛泽东评诗的独到特色。

"随心而动"，是毛泽东用诗的个性流露；"哲学思考"，是毛泽东用诗的思想之旨；"政治武器"，是毛泽东用诗的深邃目光。

……

诗与人，诗与思，一静一动，一虚一实，毛泽东将它们很好地融合在了一起。

毛泽东读活了诗歌，读活了诗人，读活了历史。

书为心画。

毛泽东是一代书法家。他热爱书法，与他热爱诗词一样。在他的心中，二者本就是融为一体的艺术形式。他曾说，练习书法，又学写字，又读诗文，是一举两得。

于是，古典诗词便成为毛泽东笔下最多的书法作品。

翻检毛泽东的诗词手迹，会发现一件有趣的事情。那便是毛泽东手书的古诗词，大多都是经过他评点和圈阅的作品。

如果说阅读古诗词是一种接受，那么撰写书法作品就是一种创造。接受并创造，只有在真正理解诗人诗词的基础上，才能够实现。

于是，我们在毛泽东的笔下看到了屈原的无奈、庾信的悲哀，看到了王勃的流丽、李白的洒脱，看到了辛弃疾的热血、范仲淹的天下，看到了罗隐的忧思、龚自珍的呼号……

或是流利酣畅、随式布白；或是字无定路，飞动自在；或是婉转秀丽，曲尽其意；或是豪迈雄健，八面生姿……毛泽东将诗的意境诉之于笔端，笔走龙蛇间，情思跃然纸上。

"诗品出于人品，书品发自心境。"将诗、书、思三者结合起来，便是本书的写作初衷。作为"90后"的我，愿意对此作一尝试。

本书精选了毛泽东品评过的17位中国古代文学家，每位文学家对应一卷毛泽东手书过的诗词作品，使读者可以直观感受毛泽东将书法特色与诗词意境融为一体的表现形式，从中感悟毛泽东的读诗心境。本书中的每篇文章均以"书法赏析""诗人诗词""伟人情思"三部分展开，以此展现诗、书、思三者之间的联系。

如果，你也想了解毛泽东喜爱什么诗人；

如果，你也想了解毛泽东怎样读诗、评诗、用诗；

如果，你也想了解毛泽东的书法特色、笔墨态势；

如果，你也愿意把毛泽东当作一个平易近人的朋友；

如果，你也想走近毛泽东；

……

那么，请打开这本书吧。

董晓彤

2021年

目 录

1
"我们就是他生命长存的见证人"
——毛泽东与屈原
001

2
"要注意辨别风向"
——毛泽东与宋玉
015

3
"我们要给曹操翻案"
——毛泽东与曹操
027

4
"此人一辈子矛盾着"
——毛泽东与谢灵运
039

5
"树犹如此,人何以堪"
——毛泽东与庾信
049

6
"青年人比老年人强"
——毛泽东与王勃
061

7
"他是一个胸襟洒脱的人"
——毛泽东与贺知章
075

8
"空前绝后的不朽艺术家"
——毛泽东与李白
085

9
"一分为二为宜"
——毛泽东与韩愈
099

10
"白诗高处在此,不在他处"
——毛泽东与白居易
115

11
"时来天地皆同力,运去英雄不自由"
——毛泽东与罗隐
129

12
"办事而兼传教之人"
——毛泽东与范仲淹
139

13
"读放翁诗词,如遇知己"
——毛泽东与陆游
151

14
"慷慨纵横,有不可一世之概"
——毛泽东与辛弃疾
163

15
"他的词写得不错"
——毛泽东与萨都剌
175

16
"明朝最伟大的诗人"
——毛泽东与高启
187

17
"我劝马列重抖擞,不拘一格降人才"
——毛泽东与龚自珍
199

主要参考书目
211

后记
213

"我们就是他生命长存的见证人"
——毛泽东与屈原

书法赏析

此卷是现存极少的毛泽东早年书法作品。书写工整娟秀,雍容平和,有晋唐遗风,是今人不可多得的小楷佳作。实际上,这是1913年毛泽东在湖南省立第四师范读书时保存下的课堂笔记中的一部分。这些保存下来的课堂笔记一共有四十七页,其中前十一页是毛泽东用工整小楷抄录的屈原《离骚》和《九歌》全诗。在《离骚》正文的天头部分,毛泽东还对各节内容进行了概括。

诗人诗词

离骚经　屈平[1]

帝高阳之苗裔兮,朕皇考曰伯庸。摄提贞于孟陬兮,惟庚寅吾

---

[1] 本书【诗人诗词】部分所引诗词,以还原毛泽东手书内容为宗旨。毛泽东手书中出现与流通版本不同的误字、漏字情况,分别以(　)、[　]形式标注。毛泽东手书中已有诗题的,沿用手书中的诗题;没有诗题的,补充原诗诗题。

以降。皇览揆余（于）初度兮，肇锡余以嘉名。名余曰正则兮，字余曰灵均。纷吾既有此内美兮，又重之以修能。扈江离与辟芷兮，纫秋兰以为佩。汩余若将不及兮，恐年岁之不吾与。朝搴阰之木兰兮，夕揽洲之宿莽。日月忽其不淹兮，春与秋其代序。惟草木之零落兮，恐美人之迟暮。不抚壮而弃秽兮，何不改（乎）此度（也）。乘骐骥以驰骋兮，来[吾道夫先路]。

《离骚》是战国时期楚国诗人、政治家屈原的作品。屈原（约公元前340—公元前278），名平，字原，又自云名正则，字灵均。曾任楚怀王时期左徒、三闾大夫等职，倡议变法图强，后遭谗去职，被流放于沅湘流域。公元前278年，秦军攻破楚国郢都。屈原深感楚国前途无望，遂投汨罗江而死。屈原一生心系国家，在流放期间以其卓越的才华写下许多不朽诗篇，代表作品有《离骚》《九歌》《天问》等。

屈原的作品融入个人人生遭际和政治理想，以忧国忧民为主旨，构思奇特，想象丰富，开创了中国诗歌史上著名的"骚体"流派。西汉刘向辑录屈原等人作品所成的《楚辞》，是中国第一部浪漫主义诗歌总集，在中国诗歌史上占据重要地位。

《离骚》是屈原最重要的代表作。全诗372句，2400余字，是一篇近似于自传性质的抒情长诗，也是中国古代最早的抒情诗。"离骚"，现在一般解释"离"为遭受，"骚"为忧愁。《离骚》为遭受忧患之后所作之辞。全诗以浪漫的想象、瑰丽的言辞、丰富的意象、多彩的神话，叙述了诗人自己坎坷不平的生活遭际，表达了其对于"美政"理想的热烈追求，抒发了炽热的爱国情感。《离骚》是中国诗歌史上的明珠，无论是其艺术价值还是展现出的精神力量，都给人以强烈的震撼。

伟人情思

湖南是战国时楚国旧地，也是屈原行吟之地，更是其殉难之所。湖湘文化的钟灵毓秀，孕育了屈原，也孕育了毛泽东。也许是地缘上的联结性，毛泽东毕生都与屈原结下了不解之缘。

● 伴随毛泽东一生的读物

从青年到老年，屈原的作品，伴随了毛泽东的一生。

上文中所提到的毛泽东读书时期所抄写的《离骚》和《九歌》，便是其青年时代热爱和苦学屈原作品的珍贵记录。此外，根据毛泽东青年时代好友罗章龙的回忆，1915年5月，他与毛泽东第一次见面时，二人就谈论了许多与《离骚》有关的内容，主张对于《离骚》

进行新的评价。后来,罗章龙还为此次会面写了一首题为《定王台晤二十八画生》的诗歌:

> 白日东城路,娜嬛丽且清。
> 风尘交北海,空谷见庄生。
> 策喜长沙傅,骚怀楚屈平。
> 风流期共赏,同证此时情。

颈联中的"骚怀楚屈平"一句,说的便是屈原的《离骚》。可见,青年时代的毛泽东对屈原及其《离骚》情有独钟。

新中国成立后,毛泽东依然常读《楚辞》中的屈原作品,不仅时而使用其中的诗句,还经常推荐给他人阅读。

1950年3月,毛泽东在接见新中国驻外大使时,就发生了一件与《楚辞》相关的趣事。毛泽东在接见首任中国驻匈牙利大使黄镇时,询问黄镇,为什么要把原来的名字黄士元改为黄镇?黄镇回答,因为他的脾气不好,需要提醒自己时刻保持"镇静"。毛泽东随即想起了《楚辞》中的诗句,他说:黄镇这个名字也不错。《楚辞》有云"白玉兮为镇"。玉可碎而不改其白,竹可黄而不可毁其节。派你出去,是要完璧归赵。毛泽东在这里所引用的"白玉兮为镇"就出自屈原《九歌·湘夫人》。

離騷經 屈平

帝高陽之苗裔兮朕皇考曰伯庸攝提貞于孟陬兮惟庚寅吾以降皇覽揆余于初度兮肇錫余以嘉名名余曰正則兮字余曰靈均紛吾既有此內美兮又重之以修能扈江離與辟芷兮紉秋蘭以為佩汨余若將不及兮恐年歲之不吾與朝搴阰之木蘭兮夕攬洲之宿莽日月忽其不淹兮春與秋其代序惟草木之零落兮恐美人之遲暮不撫壯而棄穢兮何不改此度也乘騏驥以馳騁兮來

1951年7月,毛泽东邀请老友周世钊、蒋竹如在中南海划船时,再次称赞《楚辞》,并表示:《左传》《楚辞》虽是古董,但都是历史,也还有一读的价值。同年12月,毛泽东又请中国科学院文学研究所所长何其芳把各种版本的《楚辞》,以及有关《楚辞》和屈原的著作列一个目录,经过两个多月的时间,收集了50余种。

1958年的一段时间里,毛泽东较为集中地阅读了《楚辞》。1月12日,毛泽东在致江青的信中说:"我今晚又读了一遍《离骚》,有所领会,心中喜悦。"1月的南宁会议期间,毛泽东批示印发《离骚》给与会者,并在结论报告中引用《离骚》中的"昔三后之纯粹兮,固众芳之所在"与"彼尧舜之耿介兮,既遵道而得路。何桀纣之猖披兮,夫唯捷径以窘步",并指出"以上是判断问题",以此说明要做到"文件的准确性、鲜明性、生动性"就要解决概念、判断和推理问题。1月18日凌晨,面对国民党飞机向南宁方向飞来,毛泽东坚持不去防空洞,点着蜡烛继续研读《楚辞》。1958年9月,在视察合肥时,向随行的张治中推荐《楚辞》,并说,这是本好书,我介绍给你看看。这一时期,正是"大跃进"的年代,毛泽东在这期间频繁阅读《离骚》等《楚辞》作品,并推荐给其他领导干部阅读,除了其本身的文学价值外,也许还有其他的深意。

晚年的毛泽东不仅阅读《离骚》等《楚辞》作品,还对其蕴含的思想进行深入的探讨。1964年8月,毛泽东在北戴河与几位哲学家谈话时,对屈原《天问》的思想意涵作了阐发。他谈到,现在对于《天问》究竟讲什么,依然没有解释清楚。几千年前,《天问》就提出了关于宇宙、关于自然、关于历史的很多问题,在这一点上是非常了不起的。此外,毛泽东还特别点名要过人民文学出版社影印的宋版《楚辞集注》和明陈第撰写的《屈宋古音义》。在现藏于中南海菊香书屋里的《屈宋古音义》中,毛泽东用红、蓝两色铅笔对《离骚》中的一些段落作了圈画。比如:

长太息以掩涕兮,哀民生之多艰。余虽好修姱以鞿羁兮,謇朝谇而夕替。既替余以蕙纕兮,又申之以揽茞。亦余心之所善兮,虽九死其犹未悔。怨灵修之浩荡兮,终不察夫民心。众女嫉余之蛾眉兮,谣诼谓余以善淫……

毛泽东喜爱《楚辞》,并愿意将中国文化中的瑰宝推介给世界。1954年10月26日,毛泽东在会见访华结束即将回国的印度总理尼赫鲁时,引用了屈原《九歌·少司命》中"悲莫悲兮生别离,乐莫乐兮新相知"的诗句来表达自己的心情。1972年中日邦交正常化,日本首相田中角荣访华,毛泽东将一套线装《楚辞集注》作为国礼赠予田中首相,可见《离骚》等《楚辞》作品在毛泽东心中分量之重。

从这些阅读屈原作品的点滴记录中,我们似乎也可以管窥毛泽东阅读《离骚》等《楚辞》作品的全貌。从青年到老年，这些作品伴随了毛泽东一生，令他常常"有所领会，心中喜悦"。

● 生命长存的见证人

屈原的不朽，除了源自其文学作品的价值，更源自其所拥有的高尚人格与爱国主义精神。屈原的一生，独立不迁，尽管"信而见疑，忠而被谤"，却始终保持高洁品性与斗争精神，用满腔热血写就不朽爱国诗篇。

毛泽东热爱屈原作品，更赞赏其高尚人格。

1949年12月，毛泽东在赴苏联访问的火车上，与苏方陪同的汉学家费德林谈起屈原。这段谈话，是迄今为止所发现的毛泽东关于屈原最为完整的论述。

毛泽东认为《诗经》之后，中国"首屈一指"的诗人是屈原，称屈原为"第一位有创作个性的诗人"。毛泽东深情地说："屈原生活过的地方我相当熟悉，也是我的家乡嘛。所以我们对屈原，对他的遭遇和悲剧特别有感受。我们就生活在他流放过的那片土地上，我们是这位天才诗人的后代，我们对他的感情特别深切。"

他分析了屈原所处的时代："历史上任何一个伟大变革都会产生一些悲欢离合的故事。至于屈原，政治变迁是他个人的不幸。屈原艰苦地走过他的时代。他忧国忧民,力求挽救楚国的危亡。""连年战乱使国家凋敝、民不聊生,楚国灭亡了,这是事情的一个方面。接着开始了另一个历史过程,就是把那些分散的、互相争权夺利争战不休的诸侯王国统一起来的过程,这个过程是不以人的意志为转移的。最后,它以秦始皇统一中国而告终,从而形成第一个集中统一的帝国。这对中国后来的命运产生了重要作用。这是事情的另一个方面。"

最后,毛泽东用富有诗意的话语表达了对屈原人格的赞赏:"是的,这些都发生在我的故乡湖南,发生在屈原殉难的土地——长沙。因为这缘故,屈原的名字对我们更为神圣。他不仅是古代的天才歌手,而且是一名伟大的爱国者:无私无畏,勇敢高尚。他的形象保留在每个中国人的脑海里。无论在国内国外,屈原都是一个不朽的形象。我们就是他生命长存的见证人。"

20世纪50年代初期,毛泽东在得知费德林把俄译《离骚》等《楚辞》作品推荐给苏联读者并受到欢迎之后,他再次评述了屈原:"屈原的功勋并不是马上就得到人们的承认。那是后来过了不少日子,诗人的品格才充分显示出来,他的形象才真正高大起来。屈原喝的是一杯苦酒,也是为真理服务的甜酒,诗歌像其他创作一样,是一种精神创造。"

毛泽东还特别赞赏屈原敢讲真话、追求真理的精神。1958年的成都会议,毛泽东提倡干部要敢讲真话,列举了中国历史上的一些代表人物,其中就有屈原。他说,屈原是敢讲真话的人,敢于为原则而斗争,我们应该向他学习。

而最能反映毛泽东对屈原人格和精神赞赏之情的,应该是毛泽东晚年所创作的诗歌《七绝·屈原》。

毛泽东一生仅为三位古人创作过诗歌,其中就有作于1961年秋的这首《七绝·屈原》:

屈子当年赋楚骚,手中握有杀人刀。
艾萧太盛椒兰少,一跃冲向万里涛。

首句"屈子当年赋楚骚",阐述了屈原及其著作《离骚》在中国文学史上的重要地位。次句"手中握有杀人刀",以"杀人刀"喻指《离骚》强大的战斗威力。1959年的庐山会议,毛泽东曾在会上说,"骚体是有民主色彩的,属于浪漫主义流派,对腐败的统治者投以批判的匕首,屈原高居上游。""杀人刀"的比喻,新颖而独特,是对屈原作品批判性的形象表达。"艾萧太盛椒兰少",隐喻屈原所处的政治环境是奸佞当道,好人遭殃。"艾萧"和"椒兰"的比喻出自《离骚》,"艾萧"即艾蒿,臭草,一般比喻小人;"椒兰"即申椒和兰草,皆为芳香植物,一般比喻君子。"一跃冲向万里涛",写屈原终因社会政治的黑暗一跃投身汨罗江，壮烈殉国，以身殉志。"跃"和"冲"字一扫前人描写屈原投江一事的悲戚，突出了屈原的凛然正气和勇毅果敢。整首诗情感充沛，气势撼人，是毛泽东对屈原人格的诗化赞赏。

  毛泽东之所以写下这首诗，与20世纪50年代末60年代初的国内外形势有密切联系。当时的中国，正面对国内外反华势力的进攻，中国共产党所处的环境似乎正是"艾萧太盛椒兰少"，在毛泽东看来，中国所选择并坚持的正确道路，正是投向一切敌对势力的匕首。这是中华民族自立于世界民族之林的豪迈宣誓，也是以毛泽东为代表的中国共产党人为捍卫真理而斗争到底的生命告白与革命宣言。

  毛泽东在国内外斗争十分困难的时期，能联想到屈原并为其一生赋诗，可见，屈原的人格和精神给予了毛泽东支持与力量。

● **毛泽东诗词中的"屈原"**

  毛泽东不仅为屈原写诗，其诗词创作也深受屈原影响。

  从文学创作角度看，屈原作品是中国古代文学浪漫主义表现形式的开端。他用美人香草、芰荷芙蓉、望舒巫咸、湘君山鬼等意象或形象，塑造了一个充满想象、奇妙瑰丽的缤纷世界。毛泽东受到这一艺术追求和创作旨趣的影响，其诗词中充满着"屈原"的烙印。

  其一，毛泽东与屈原诗词中都展现出浓烈的浪漫主义诗风。

屈原是浪漫主义诗风的代表人物。毛泽东诗词中也充满着这一风格。毛泽东的诗词中经常充满夸张的描写、浪漫的想象、浓烈的色彩，他笔下的山川草物、花鸟鱼虫、神仙人物，似乎都被赋予了独特的个性。

他在《沁园春·雪》里写道："山舞银蛇，原驰蜡象，欲与天公试比高"；在《七律二首·送瘟神》中写道："坐地日行八万里，巡天遥看一千河"；在《水调歌头·游泳》中写道："神女应无恙，当惊世界殊"；在《蝶恋花·答李淑一》中写道："寂寞嫦娥舒广袖，万里长空且为忠魂舞"……毛泽东将自然、宇宙中的一切景象，都纳于自己的笔端，使其诗词作品达到了非凡的浪漫主义境界。

其二，毛泽东诗词中的许多意象，来自屈原作品。

毛泽东善于在自己的诗词中化用屈原作品的意象。比如这首毛泽东创作的《七律·答友人》：

> 九嶷山上白云飞，帝子乘风下翠微。
> 斑竹一枝千滴泪，红霞万朵百重衣。
> 洞庭波涌连天雪，长岛人歌动地诗。
> 我欲因之梦寥廓，芙蓉国里尽朝晖。

这首诗是赠答友人周世钊的，毛泽东用浪漫变幻的笔调，描写了其对于故乡湖南的怀念和对故人的追思,同时也表达了对未来的美好憧憬与希望。其中,"九嶷山上白云飞,帝子乘风下翠微"化用的就是屈原《九歌·湘夫人》中的"帝子降兮北渚,目眇眇兮愁予",而"洞庭波涌连天雪"化用的则是"洞庭波兮木叶下"这一句。两首诗歌意象相连,很容易让人联想到屈原作品,但其又打破了原诗中较为悲凉的基调,赋予意象以新的生命。

毛泽东在诗词中,还直接表达过对于屈原的欣赏,屈原本人及其作品《离骚》也成为他诗词中的意象。在写给好友罗章龙的诗歌《七古·送纵宇一郎东行》中,他写道:"年少峥嵘屈贾才,山川奇气曾钟此。""屈贾才"中的"屈"指的便是屈原。在《沁园春·雪》中,他写道:"唐宗宋祖,稍逊风骚。"其中"骚"指的便是《离骚》。

其三,毛泽东诗词的创作方式,与屈原有相似之处。

20世纪50年代末60年代初,毛泽东曾针对屈原的文学创作表达过这样一个观点,他说:"屈原如果继续做官,他的文章就没有了。正是因为开除'官籍''下放劳动',才有可能接受社会生活,才有可能产生像《离骚》这样好的文学作品。"正如司马迁所言:"屈原放逐,乃赋《离骚》。"

毛泽东在这里,指出了文学创作中的一个关键,即好的文学作品离不开丰富的人生阅历和真正的社会现实。这与毛泽东一贯的文学创作主张相一致,也是毛泽东自己在进行诗词创作时所坚持的。

纵观毛泽东一生的诗词作品，尽管充满浪漫主义的风格，但却没有一首诗词脱离过中国的现实，它们都是扎根中国大地的产物，与毛泽东本人的人生经历、与中国社会进程息息相关。正是在这一层意义上，毛泽东的诗词作品又被称作中国革命斗争的壮丽史诗。

毛泽东的一生与屈原惺惺相惜。"路漫漫其修远兮，吾将上下而求索"，这是两千多年前屈原的人生理想，又何尝不是毛泽东一生的写照呢？

"要注意辨别风向"
——毛泽东与宋玉

书法赏析

此卷大气雍容,似利剑出鞘,有舒卷风云之气,吞吐天地之势。"为舆""长剑""耿介"等字,牵丝萦带,大小错落,彰显布局之美。

诗人诗词

大言赋(节选)

方地为舆(车),圆天为盖。长剑耿介,倚天之外。

"倚天不出,谁与争锋"。也许大多数人第一次知道"倚天剑",都是来自金庸小说《倚天屠龙记》。殊不知,这把"倚天剑"最早出自战国时期楚国辞赋家宋玉的《大言赋》。宋玉(公元前298—公元前222),字子渊,战国末期楚国人。在楚怀王、楚襄王时担任过文学侍从,是稍后于屈原的辞赋家,与屈原并称为"屈宋"。其作品主要有《九辩》《风赋》《大言赋》《高唐赋》《神女赋》《登徒子好色赋》

等，多收录于《楚辞》与《昭明文选》中。

《大言赋》实际上是一篇"说大话"的赋，"大言"的意思就是"大话"，即一些不切实际的言辞。原文为：

> 楚襄王与唐勒、景差、宋玉游於阳云之台。王曰："能为寡人大言者上座。"
> 王因唏曰："操是太阿剥一世，流血冲天，车不可以厉。"
> 至唐勒，曰："壮士愤兮绝天维，北斗戾兮太山夷。"
> 至景差曰："校士猛毅皋陶嘻，大笑至兮摧覆思。锯牙云，晞甚大，吐舌万里唾一世。"
> 至宋玉，曰："方地为车，圆天为盖，长剑耿介，倚天之外。"
> 王曰："未也。"
> 玉曰："并吞四夷，饮枯河海；跋越九州，无所容止；身大四塞，愁不可长。据地分天，迫不得仰。"

这篇赋是说，楚襄王与唐勒、景差、宋玉等人出游于阳云之台。楚襄王提出，能给他说一段大话的人，赐上座。于是从楚襄王开始，每人都开始一番夸张的描述。到宋玉的时候，他说："方地为车，圆天为盖，长剑耿介，倚天之外。"意思是，"我以大地为车，以苍穹为盖，手中长剑，光亮锋利，直出天外"。这篇文赋虽然短小，但充满夸张的想象，凸显了浪漫主义色彩。

伟人情思

毛泽东熟读《楚辞》和《昭明文选》，对于宋玉的作品自然也是十分熟悉的。如果说毛泽东对于屈原的评价是建立在人格与文才之上的，那么，他对于生平并不太翔实的宋玉的认知，则更多地是建构在其作品之上的，突出表现在化用、引用和巧读。

● 化用："安得倚天抽宝剑"

毛泽东对于宋玉作品的化用，还是要从这把"倚天剑"说起。

《大言赋》中的这句"方地为车，圆天为盖，长剑耿介，倚天之外"对后世文学作品产生了深远影响。比如，李白在《临江王节士歌》中写道："安得倚天剑，跨海斩长鲸。"辛弃疾在《水龙吟·过南剑双溪楼》中也写道："举头西北浮云，倚天万里须长剑。"

这一辞句对毛泽东的诗词创作也产生了影响。

1935 年冬，在长征即将胜利的最后一程，毛泽东站在岷山之巅吟出《念奴娇·昆仑》：

横空出世，莽昆仑，阅尽人间春色。飞起玉龙三百万，搅得周天寒彻。夏日消溶，江河横溢，人或为鱼鳖。千秋功罪，谁人曾与评说？

而今我谓昆仑：不要这高，不要这多雪。安得倚天抽宝剑，把汝裁为三截？一截遗欧，一截赠美，一截留中国。太平世界，环球同此凉热。

这首词下阕中的"安得倚天抽宝剑"即化用了宋玉的这一辞句。毛泽东在这里以冲天豪情，抽出倚天之剑，将昆仑山脉分成三段。愿将改造后的昆仑山脉一段给欧洲人民，一段给美国人民，一段留给中国人民，要让"太平世界，环球同此凉热"，表达了他希望改造旧世界，实现共产主义，造福全人类的理想。后来，毛泽东又将这首词中的"一截留中国"改为了"一截还东国"，成为这首词的最终版本。1958年12月21日，毛泽东为这首词加了一段自注："昆仑：主题思想是反对帝国主义，不是别的。改一句：一截留中国，改为一截还东国。忘记了日本人是不对的。这样，英、美、日都涉及了。别的解释不合实际。"

除了化用"倚天剑"，毛泽东还在诗词中化用过宋玉的《高唐赋》与《神女赋》。

在《水调歌头·游泳》中，毛泽东在下阕中写道：

> 风樯动,龟蛇静,起宏图。一桥飞架南北,天堑变通途。更立西江石壁,截断巫山云雨,高峡出平湖。神女应无恙,当惊世界殊。

"巫山云雨"出自宋玉的《高唐赋》,"神女"出自宋玉的《神女赋》。《高唐赋》与《神女赋》是姊妹篇,都是文辞优美的讽劝之作。《高唐赋》主要描述了巫山、高唐之大观,叙述了楚襄王游云梦之事,主要在于劝说楚襄王,与其求神女保佑,不如用贤人辅政。《神女赋》则塑造了中国历史上第一位神女形象,通过描写神女的坚贞圣洁,告诫楚襄王不可妄生荒淫之念。毛泽东在这首词中,完全突破了传统意义上"巫山云雨"和"神女"的概念,而是用浪漫的笔调进行了想象:如果巫山神女还健在,目睹了社会主义建设的巨大成就,也会为之赞叹的。这既是毛泽东诗词中历史与现实的结合,又是真实与梦幻的互动。

毛泽东对于《神女赋》是非常熟悉的。据其身边工作人员回忆:1958年3月30日,毛泽东乘"江峡轮"过长江三峡时,曾用望远镜从几个侧面观看神女峰,并对站在他身边的田家英、吴冷西吟诵出《神女赋》中的一段内容:"夫何神女之姣丽兮,含阴阳之渥饰。披华藻之可好兮,若翡翠之奋翼。其象无双,其美无极;毛嫱鄣袂,不足程式;西施掩面,比之无色。"并说:其实谁也没有见过神女,但宋玉的浪漫主义描绘,竟为后世骚人墨客提供无限的题材。

毛泽东多次在诗词中化用宋玉辞赋，也许不仅仅是因对其作品的熟悉，更多的可能，大概源自二人对于浪漫主义的共同追求。

● 引用："风起于青蘋之末"

毛泽东不仅在诗词创作中化用宋玉文辞，他还常常引用它们阐述道理。

其中，最典型的就是他对于《风赋》的引用。

1958年5月23日，在中共八大二次会议闭幕会上，毛泽东讲了"辨别风向"的问题。他说：

> 我今天要谈的，主要可以说是以后要注意辨别风向。大风好辨别，小风就难辨别，领导干部要特别注意这种小风。宋玉写了一篇《风赋》，有阶级斗争的意义。他说，风就是一种风，对贫民一种态度，对贵族又是一种态度。"夫风生于地，起于青蘋之末，侵淫溪谷，盛怒于土囊之口。"这里写了一个辩证法。风有小风、中风、大风。"起于青蘋之末"，他说风就是从那个浅水中小草的尖端起的。"侵淫"，就是慢慢地，逐步逐步地。"溪"就是河川；"谷"就是河谷。"溪谷"就是在那两个高山中间的山谷。"盛怒"就是生了大气了。"土囊之口"，大概是三峡那个地方。从四川刮起一股风，通过三峡，叫

方地为舆，圆天为盖，驷荒鬣以驰之，必巡此而不匝

毛泽东手书宋玉《大言赋》

"土囊之口"。有书为证,你们去翻那个《昭明文选》第四十五卷①,我昨天还翻了一下。问题是这个风"起于青蘋之末"的时候最不容易辨别,我们这些人在一个时候也很难免。

同年的1月,毛泽东在杭州和周谷城、谈家桢、赵超构座谈时,也提到这篇赋对于辨别方向、认清形势,有很大的教育意义。

《风赋》是一篇以风为议论对象的文赋,借楚襄王与宋玉的对话,以"此独大王之风耳,庶人安得而共之"开篇,展开对"大王之雄风"和"庶人之雌风"两种不同风的描写。自然之风本没有雌雄之分,即没有高低贵贱的差别。宋玉以反讽的方式,通过描述两种风的差别,使大王奢侈豪华的生活和庶人贫穷悲惨的生活形成鲜明的对照,抒发了其对于社会不公的愤懑之情。

毛泽东在这里,主要从两个角度谈了他对于《风赋》的认识:

一是可以从阶级斗争的角度去看待《风赋》。他认为,宋玉写了一篇《风赋》,有阶级斗争的意义。他还提到"风就是一种风,对贫民一种态度,对贵族又是一种态度",这里指的便是"庶人之雌风"与"大王之雄风"。宋玉在描述"大王之雄风"时,极尽铺陈,展现出帝王之家的奢华,他写道:"故其清凉雄风,则飘举升降。乘凌

---

① 应为《昭明文选》第十三卷。

高城，入于深宫。邸华叶而振气，徘徊于桂椒之间，翱翔于激水之上。将击芙蓉之精。猎蕙草，离秦蘅，概新夷，被黄杨，回穴冲陵，萧条众芳。然后徜徉中庭，北上玉堂，跻于罗帏，经于洞房，乃得为大王之风也。"而对比之下，"庶人之雌风"展现的则是贫民人家的穷苦，他写道："庶人之风，塕然起于穷巷之间，堀堁扬尘，勃郁烦冤，冲孔袭门。动沙堁，吹死灰，骇溷浊，扬腐馀，邪薄入瓮牖，至于室庐。"从这番描述中，不难看出二者之间的差别。毛泽东从而得出《风赋》中有阶级斗争的思想。当然，毛泽东之所以特别强调阶级斗争，也与当时正在进行的"反右倾"斗争以及毛泽东对国内阶级斗争形势的判断有一定关系。

二是要注意"风起于青蘋之末"，善于见微知著，未雨绸缪。毛泽东提到，"风起于青蘋之末"的时候，最不容易辨别，广大党员干部要提高警惕。蘋，多年生浅水植物，又名四叶菜。"风起于青蘋之末"，指风从水草的叶尖儿上刮起。毛泽东引用这句话，意在启发党员干部，要在一个事物尚处于萌芽之时，就能认清它的本质，预见它的发展方向。

毛泽东从这句话中提炼出的见微知著、未雨绸缪的思维方法是他始终强调并践行的。

在应对抗日战争即将胜利时可能出现的国内危机上，毛泽东就展现出他的"预见性"。党的七大上，毛泽东对中国的战后形势进行了风险预估，指出"现在我们要有充分的信心估计到光明，也要有充分的信心估计到黑暗"。他特别考虑到如何应付各种"最坏"情况，提出"要在最坏的可能性上建立我们的政策"。为此，他提出了中国共产党接下来可能遇到的17条困难。今天，重新审视这17条困难，事实上，有些"最坏的可能性"并没有完全出现，然而正是由于毛泽东善于观察"风起于青蘋之末"的动向，以草摇叶响知鹿过、松风一起知虎来、一叶易色而知天下秋的见微知著能力，提前作出了富有远见的预判分析，才能使中国共产党在之后的斗争中做好了充分准备，游刃有余，化解危机，赢得主动。

● **巧读：为登徒子"翻案"**

提起"登徒子"，人们第一反应就是好色轻薄之徒。它的由来，要追溯到宋玉的《登徒子好色赋》：

玉曰："天下之佳人莫若楚国，楚国之丽者莫若臣里，臣里之美者莫若臣东家之子。东家之子，增之一分则太长，减之一分则太短；著粉则太白，施朱则太赤。眉如翠羽，肌如白雪；腰如束素，齿如含贝；嫣然一笑，惑阳城，迷下蔡。然此女登墙窥臣三年，至今未许也。登徒子则不然：其妻蓬头挛耳，齞唇历齿，旁行踽偻，又疥且痔。登徒子悦之,使有五子。王孰察之,谁为好色者矣。"

登徒子,复姓登徒,子,是对男子的通称。这篇赋叙述的是宋玉反驳登徒子的一段言论。大夫登徒子在楚王面前诋毁宋玉好色,言:"玉为人体貌闲丽,口多微辞,又性好色。愿王勿与出入后宫。"宋玉闻及,便用上述文字进行了反驳。他以东家邻女至美而其不动心为例,说明他并不好色,又以登徒子之妻奇丑无比,登徒子却和她生了五个孩子,来说明登徒子"女人即爱"的好色之性。这篇《登徒子好色赋》自问世以来,便使"登徒子"成为好色之徒的代称。

然而,毛泽东却不这样看,他为登徒子"翻案"。

1958年1月5日,毛泽东在杭州同周谷城、谈家桢、赵超构等人谈话时,指出:登徒子娶了一个丑媳妇,但是登徒子始终对她忠贞不贰,他是模范遵守"婚姻法"的。毛泽东从当代对待婚姻的态度去评判登徒子,认为他没有嫌弃妻子的丑陋,反而从一而终,是模范丈夫的代表。其为登徒子"翻案"的角度和见解不可谓不新颖。

毛泽东对于"登徒子"的评论没有仅仅停留于"翻案",而是继续讨论宋玉在这篇赋中展现出的批驳方式。毛泽东认为:宋玉攻击登徒子的这段话,完全属于颠倒是非的诡辩,是采用攻其一点不及其余的手法。六天后,在南宁召开的中央工作会议上,毛泽东让人将《登徒子好色赋》印发与会代表,并在发言中再次谈到这篇赋的内容。毛泽东从一个指头与十个指头的关系对此进行阐述，他说：并不反对对某些搞过头的东西加以纠正，但反对把一个指头的东西当作十个指头来反。不能使用宋玉攻击登徒子的方法，攻其一点，不及其余。宋玉打赢了这场官司所采用的方法，就是攻击一点，尽量扩大，不及其余的方法。从此，登徒子成了好色之徒的典型，至今不得翻身。

毛泽东为登徒子"翻案"，批驳宋玉在赋中采取的诡辩论，实际上是在强调看待事物要采取辩证法，要善于从全面的角度看问题，少犯片面性的错误，不要被"攻其一点，不及其余"的诡辩论所迷惑。这是作为马克思主义唯物论的坚定信仰者所应具备的独立判断能力。

从上述提到的宋玉作品来看，毛泽东引用的多是宋玉的赋体作品而非骚体作品，作为骚体到赋体的过渡者抑或是引领者，宋玉为中国古代文学的发展作出了杰出贡献。无论是在诗词中化用宋玉辞章，还是引用其说明道理，抑或是进行独辟蹊径的"翻案"，毛泽东都展现出对于宋玉作品的熟悉度。20世纪40至50年代，学界一度出现对宋玉其人及其作品的怀疑和贬斥，从这一点上来看，毛泽东的化用、引用和巧读也可看作是对宋玉作品的一种肯定。

"我们要给曹操翻案"
——毛泽东与曹操

书法赏析

此卷放达通脱,恣肆洒脱。虽写于印有红色边栏的信笺之上,却没有被界线束缚,寓奇变于规矩之中,错落有致,疏密相合。落笔自然精湛,神韵兼备。

诗人诗词

步出夏门行·观沧海

东临碣石,以观沧海。

水何澹澹,山岛竦(竦)峙。

树木丛生,百草丰茂。

秋风萧瑟,洪波涌起。

日月之行,若出其中;

星汉灿烂,若出其里。

幸甚至哉,歌以咏志。

这首诗是东汉末期曹操的作品《步出夏门行·观沧海》（以下简称《观沧海》）。曹操（155—220），字孟德，小名阿瞒、吉利，沛国谯县（今安徽亳州）人，东汉末年杰出的政治家、军事家、诗人。曹操自幼勤奋好学，年二十便举孝廉，征拜为议郎。后镇压黄巾军起义，讨伐董卓，消灭袁绍势力，统一了中国北方。208年，授丞相职。216年，封魏王。220年，其子曹丕称帝，建立魏国，追封曹操为魏武帝。曹操诗风气魄雄伟，慷慨悲壮，是建安文学的代表。

　　《观沧海》是曹操于建安十二年（207）率军平定乌桓（又称乌丸，北方少数民族）后，在班师途中，登临渤海之滨的碣石山（今河北秦皇岛附近），俯瞰海水壮观景象时所作。全诗气势宏大，疏朗开阔，描述了沧海吞吐日月、包罗万象的壮丽景象，既表达了诗人取得战争胜利后的喜悦之情，也展现了诗人阔达的胸襟和渴望建功立业的雄心壮志。

伟人情思

　　毛泽东曾在《沁园春·雪》中对古代帝王有过这样的评价："秦皇汉武，略输文采；唐宗宋祖，稍逊风骚。"在毛泽东眼中，评价古代帝王不仅要看其政治上的成就，也需要考量其文学才华。那么对于二者兼具的曹操，毛泽东有着怎样的情愫呢？

● "我们要给曹操翻案"

曹操,首先是以政治家的身份存在于中国古代历史的进程之中。元明以降,其在历史小说和戏剧舞台上往往以奸臣的形象出现。对于这样的观点,毛泽东从青年时代便不认同,此后一直坚持要为曹操"翻案"。

1918年8月,青年毛泽东在与好友罗章龙等人赴北京途中,曾途经河南许昌,凭吊过魏都旧墟。观萧条异代,毛泽东不胜唏嘘。他吟诵了曹操的《短歌行》《让县自明本志令》等著名诗文,并与罗章龙联句了一首《过魏都》:

> 横槊赋诗意飞扬,
> 自明本志好文章。
> 萧条异代西田墓,
> 铜雀荒沦落夕阳。

其中一、四句为罗章龙所联,二、三句为毛泽东所联。这首诗充分展现了青年时代的毛泽东及其同侪意气风发的精神面貌。

毛泽东在诗中所提到的"自明本志好文章",指的便是曹操的《让县自明本志令》。这篇文章是曹操统一北方后的一篇自述。他在文章中表明，自己并无取代汉室之意，只求国家统一、百姓安居，为明此志，愿让还三县食邑。毛泽东用一个"好"字称赞此篇文章，不仅是赞赏曹操的文才，更重要的是对曹操本人及其志向的肯定。这在后来毛泽东阅读卢弼的《三国志集解》时写下的批语中可以得到印证。卢弼曾借用他人评语注解《让县自明本志令》，认为其为奸雄之语，志骄志盈，言大而夸。毛泽东针对卢弼注文，写下这样一段批语：

> 此篇注文，贴了魏武不少大字报，欲加之罪，何患无词。李太白云："魏帝营八极，蚁观一祢衡。"此为近之。

毛泽东不赞同卢弼对曹操以及《让县自明本志令》的看法，认为这是"欲加之罪，何患无词"。他还引用"魏帝营八极，蚁观一祢衡"对此进行佐证。这句诗出自李白《望鹦鹉洲悲祢衡》。祢衡，东汉末年名士，颇有才华，但性情狂傲，因出言不逊触怒曹操，被遣送至荆州刘表处，后又因出言不逊，被送至江夏太守黄祖处，后为黄祖所杀，终年26岁。毛泽东引用此诗，称赞的是曹操统一北方的功绩，否定的是他轻视东汉名士祢衡的行为。毛泽东认同这个评价，说"此为近之"。

新中国成立后，毛泽东也多次表达过自己对曹操的正面看法。

1957年4月10日，毛泽东在与《人民日报》负责人谈话时曾说："历史上说曹操是奸雄，不要相信那些演义。其实，曹营不坏。当时曹操是代表进步一方的，汉是没落的。"1957年11月初，毛泽东在莫斯科与郭沫若、胡乔木谈论三国史时，曾谈到曹操和诸葛亮这两个人谁更厉害的话题。毛泽东认为，诸葛亮用兵固然足智多谋，可曹操这个人也不简单，唱戏总是把他扮成大白脸，其实冤枉。这个人很了不起。毛泽东还在鲁迅《魏晋风度及文章与药及酒之关系》一文中肯定曹操为英雄的文字上进行过圈画，表明自己对鲁迅看法的赞同。

为改变历史上对曹操偏颇的看法，毛泽东坚决主张要为曹操"翻案"。

1954年夏，毛泽东在北戴河与保健医生谈起曹操时，曾说：曹操是白脸奸臣，书上这么说，剧里这么演，老百姓这么说，那是封建正统观念制造的冤案，还有那些反动氏族，他们是封建文化的垄断者，他们写东西就是维护封建正统。这个案要翻。

1958年11月20日，毛泽东在武汉东湖召集陶鲁笳等人座谈《三国志》时又说："你们读《三国演义》和《三国志》注意了没有，这两本书对曹操的评价是不同的。《三国演义》是把曹操看作奸臣来描写的；而《三国志》是把曹操看作历史上的正面人物来叙述的。"他还说曹操是天下大乱时期出现的"非常之人""超世之杰"。可是因为

《三国演义》又通俗又生动，所以看的人多，加上旧戏上演三国戏都是按《三国演义》为蓝本编造的。所以，曹操在旧戏舞台上就是一个白脸奸臣。"现在我们要给曹操翻案。我们党是讲真理的党，凡是错案、冤案，十年、二十年要翻，一千年、两千年也要翻。"

毛泽东之所以要为曹操翻案，主要是基于曹操的历史功绩。

毛泽东曾这样评价曹操的功绩。他说，曹操统一中国北方，创立魏国。那时黄河流域是全中国的中心地区。他改革了东汉的许多恶政，抑制豪强，发展生产，实行屯田制，还督促开荒，推行法制，提倡节俭，使遭受大破坏的社会开始稳定和发展，是有功的。晚年的毛泽东还曾对其身边工作人员芦荻说，三国的几个政治家、军事家，对统一都有所贡献，而以曹操为最大。司马氏一度完成了统一，主要就是曹操那时打下的基础。

在毛泽东为曹操"翻案"的号召下，1959 年，中国学术界展开了一场颇有影响的"替曹操恢复名誉"的讨论。郭沫若、翦伯赞等学者纷纷撰文为曹操恢复名誉。同年的 8 月 11 日，毛泽东在庐山会议的讲话中说，曹操被骂了一千多年，现在也恢复名誉。好的讲不坏，一时可以讲坏，总有一天恢复。

正是在毛泽东的推动下，曹操终于恢复了历史名誉，社会各界开始客观评价曹操。

● "真男子，大手笔"

曹操不仅是一代政治家，也是一代文学家。毛泽东十分喜爱曹操的诗歌，并对此有过直白的表达。他说："我还是喜欢曹操的诗。气魄雄伟，慷慨悲凉，是真男子，大手笔。"

作为建安文学的代表，曹操诗风气魄雄伟，慷慨悲凉。在他留下的 21 首乐府诗中，毛泽东最推崇的就是他曾手书过的这首《观沧海》。

1954 年夏，毛泽东在北戴河期间，多次谈起这首诗。

据毛泽东身边的工作人员回忆，有些日子，毛泽东无论是白天在海边散步，还是夜里工作疲惫出门观海时，都常常低声吟诵《观沧海》。他还找过地图进行查证，说曹操"建安十二年五月出兵征乌桓，九月班师经过碣石山写出《观沧海》"，"曹操是来过这里的"。

7 月 23 日，毛泽东在给女儿李讷、李敏的信中又谈到曹操，并希望女儿们能读一下曹操的"碣石诗"。他写道："北戴河、秦皇岛、山海关一带是曹孟德到过的地方。他不仅是政治家，也是诗人。他的碣石诗是有名的，妈妈那里有古诗选本，可请妈妈教你们读。"毛泽东所说的"碣石诗"就是以"东临碣石"开篇的《观沧海》。

也许是受到曹操诗歌的影响，抑或是浩瀚沧海引发了毛泽东的诗情，毛泽东在这里创作了气势雄伟的《浪淘沙·北戴河》：

> 大雨落幽燕，白浪滔天，秦皇岛外打鱼船。一片汪洋都不见，知向谁边？
>
> 往事越千年，魏武挥鞭，东临碣石有遗篇。萧瑟秋风今又是，换了人间。

这首词中的"往事越千年，魏武挥鞭，东临碣石有遗篇"指的就是曹操的《观沧海》，而"萧瑟秋风今又是，换了人间"则是化用了《观沧海》中的"秋风萧瑟，洪波涌起"。毛泽东在这里反其意而用之，"萧瑟秋风"已不再，千年过后的今天已经"换了人间"。毛泽东之所以写下"换了人间"，与当时正如火如荼开展的新中国建设分不开。这首词作正表现了此时的毛泽东对于新中国建设的豪情与信心。

毛泽东曾说，曹操的文章诗词，极为本色，直抒胸臆，豁达通脱，应当学习。正是因为这份源自喜爱的学习，毛泽东仔细研读过曹操的诗歌并进行过圈点。在毛泽东故居中，有4种版本的《古诗源》和一本《魏武帝魏文帝诗注》。其中，毛泽东对曹操的《观沧海》《龟虽寿》《短歌行》《苦寒行》《蒿里行》《却东西门行》等，都进行过多次圈点。他或是在标题前画圈，或是用红、蓝铅笔进行标记。在一本《古诗源》中的"武帝"旁，毛泽东还用红铅笔画下两道线，并对编者对曹操诗风的评注进行了圈点断句。这一评注是："孟德诗，犹是汉音。子桓以下，纯乎魏响。沉雄俊爽，时露霸气。"

● "讲养生之道的，很好"

在毛泽东眼中，曹操还是一个"养生学家"，他的《步出夏门行·龟虽寿》一诗中蕴藏着"养生之道"：

> 神龟虽寿，犹有竟时；
> 腾蛇乘雾，终为土灰。
> 老骥伏枥，志在千里；
> 烈士暮年，壮心不已。
> 盈缩之期，不但在天；
> 养怡之福，可得永年。
> 幸甚至哉，歌以咏志。

《龟虽寿》与《观沧海》都是曹操北征乌桓胜利后归途中所作。在这次归途中，曹操的谋士郭嘉病逝，年仅38岁，引发了曹操对于人生的感慨。这首诗共7句，主要表达了3层意思：前两句写"神龟""腾蛇"寿命有限，借以说明人的生命也是有限的；中间两句借老马依然存千里之志，表达人生暮年依然要拥有雄心壮志，乐观积极地对待人生；后三句则说生命的长短不完全取决于天命，只要注重修身养性，命运也可由自己掌握。

毛泽东非常赞同"盈缩之期，不但在天；养怡之福，可得永年"中蕴含的唯物主义思想，并将其视为养生的教材推荐给身边人。

1961年8月17日，时任毛泽东秘书的胡乔木因身体不适，致信毛泽东，请求休病假。25日，毛泽东在给胡乔木的回信中写道："你须长期休养，不计时日，以愈为度。曹操诗云：盈缩之期，不独在天。养怡之福，可得永年。此诗宜读。你似以迁地疗养为宜，随气候转移，从事游山玩水，专看闲书，不看正书，也不管时事，如此可能好得快些。"1963年12月14日，毛泽东又在给林彪的信中写道："曹操有一首题名《神龟寿》的诗，讲养生之道的，很好。希你找来一读，可以增强信心。"

读史过程中，毛泽东还用这4句诗批驳过"天命观"。《南史·王僧虔传》记载了刘宋时光禄大夫刘镇之的一段经历。刘镇之30岁时曾患重病，几近丧命，但最终却活到了90多岁。史家因此评论道："因此而言，天道未易知也。"毛泽东不赞同这一观点，直接化用曹操的诗歌对此进行反驳：盈缩之期，不独在天；养怡之福，可得永年。

从曹操诗歌推及曹操本人，毛泽东认为曹操确实是懂得养生之人。他曾与自己的保健医生谈到，曹操一生戎马倥偬，军旅生涯不东临碣石，以观沧海。水何澹澹，山岛竦峙。树木丛生，百草丰茂。秋风萧瑟，洪波涌起。日月之行，若出其中；星汉灿烂，若出其里。幸甚至哉，歌以咏志。

毛泽东手书曹操《步出夏门行·观沧海》

会很安逸，在当时，医疗条件也不怎么好，可他懂得掌握自己的命运，活了65岁，算得上是一位会养生的长寿老人了。毛泽东借此也提出了自己的养生观点：不要使人养尊处优，不能小病大养，保健不是保命，不要搞什么补养药品，主要是乐观，心情开朗，锻炼身体。

毛泽东一生都非常重视锻炼身体，践行着自己的养生思想。青年时代，他就与好友相邀风浴、雨浴，并提出"文明其精神，野蛮其体魄"的观点，其发表的第一篇文章也是有关强健体魄问题的《体育之研究》。在革命建设年代，无论其事务多繁杂，毛泽东始终热爱并坚持游泳这项运动。体育锻炼增强了他的勇气，磨炼了他的意志，在"与天奋斗，其乐无穷；与地奋斗，其乐无穷；与人奋斗，其乐无穷"中迎接一切艰难险阻。在这一点上，毛泽东与曹操是有相似之处的。

"曹操是个了不起的政治家、军事家，也是一个了不起的诗人。"这是毛泽东对曹操最为完整的一次评价，也是毛泽东唯一一次同时使用"政治家、军事家、诗人"评价同一位历史人物。也许正是因为这三个名词，让毛泽东与曹操有了跨越千年的相惜。

"此人一辈子矛盾着"
——毛泽东与谢灵运

书法赏析

此卷为毛泽东随性而书,虽非毛笔写就,但依然可见行书用笔之走势、力道与神韵,可作为毛泽东日常行书笔法的重要参考。

诗人诗词

谢灵运诗一首

韩亡子房奋,秦帝鲁连耻。

本自江海人,忠义感君子。

这首诗作者为晋宋时期诗人谢灵运。谢灵运(385—433),东晋名将谢玄之孙,人称谢客,又因袭封康乐公,世称谢康公、谢康乐,陈郡阳夏(今河南太康)人,世居会稽(今浙江绍兴)。谢灵运自幼笃志好学,博览群书,且喜寄情山水,工诗善文。由晋入宋后,仕途失意,数次遭贬,后因涉谋反被杀,终年49岁。存诗90多首,著有《谢康乐集》四卷。

谢灵运是我国山水诗派的开创者，其擅长对山水景物进行精巧细致的摹画，文学作品充满灵动的形象美，促进了中国古代山水诗的形成和发展。

上述这首诗歌本无题目，最早见于《宋书·谢灵运传》，《谢康乐集》中题作《临川被收》，张溥《汉魏六朝百三名家集》题作《自叙》，这里取《自叙》为题。关于此诗，将在下文"伟人情思"部分作详细介绍。

伟人情思

毛泽东品评文学家及其作品，历来重视知人论世。对于谢灵运这样一位政治经历比较复杂而文学上却独有成就的诗人，毛泽东给出了怎样的评价呢？

● "此人一辈子矛盾着"

毛泽东如何看待谢灵运其人？

我们可以从毛泽东故居所藏的一本《古诗源》中收录的谢灵运《登池上楼》中窥见些许端倪。《登池上楼》原诗为：

潜虬媚幽姿，飞鸿响远音。
薄霄愧云浮，栖川怍渊沈。
进德智所拙，退耕力不任。
徇禄反穷海，卧疴对空林。
衾枕昧节候，褰开暂窥临。
倾耳聆波澜，举目眺岖嵚。
初景革绪风，新阳改故阴。
池塘生春草，园柳变鸣禽。
祁祁伤豳歌，萋萋感楚吟。
索居易永久，离群难处心。
持操岂独古，无闷征在今。

《登池上楼》是谢灵运第一次被贬官后，任永嘉（今浙江温州）太守时所作。全诗可分为三个层次：前八句为第一层次，抒发了作者官场失意，进退两难的矛盾心理；中间八句为第二层次，描绘了作者登楼所见之景；后六句为第三层次，表达了作者决意隐居的心情。各层次之间转换自然，巧妙地表达了官场失意后仕隐之间的矛盾与郁闷情绪。

毛泽东在这首诗的每句诗旁都画了曲线，并在"进德智所拙，退耕力不任"一句下面连画两个圈，还在这首诗的天头和行间写下这样一段评语：

> 通篇矛盾。"进德智所拙，退耕力不任"，见矛盾所在。此人一生矛盾着。想做大官而不能，"进德智所拙"也。做林下封君，又不愿意。一辈子生活在这个矛盾之中。晚节造反，矛盾达于极点。"韩亡子房奋，秦帝鲁连耻。本自江海人，忠义感君子"是造反的檄文。

这一批语，是毛泽东走近谢灵运的生平，对谢灵运一生政治态度和内心世界的评价。

毛泽东认为谢灵运"一辈子矛盾着"，这矛盾表现在：一方面想要做大官，但却没有地方可以施展其德智，即"进德智所拙"；另一方面想要归隐，做"林下封君"，但又不甘心，即"退耕力不任"。于是一辈子在此种矛盾纠结中度过，直至最后造反。

毛泽东之所以给出这样的评论，源自其对谢灵运家世及生平的了解。他曾仔细阅读过关于谢氏家族的传记，圈点过《南史》中关于谢灵运及其家族的文字。1975年，毛泽东还曾在清乾隆武英殿版二十四史的《晋书》封面上批写道："九月再阅第七十九卷《谢安传》、《谢琰传》、《谢玄传》。"

谢灵运一生可谓跌宕起伏。他出身于钟鸣鼎食的显赫世家，东晋功臣谢安是其曾祖，淝水之战指挥谢玄是其祖父，其家族是东晋王朝的门阀显贵。然而，自宋代晋后，谢家等贵族阶层受到打压，刘宋王朝对谢氏家族怀有高度的戒备。谢灵运在此大环境下，注定志不得伸。宋武帝、宋文帝始终未对他委以重任。谢灵运在被贬为永嘉太守期间，寄情山水，肆意遨游，不久就托病辞职。此后文帝重新起用他，但却"唯以文义见接"，只是召他出任秘书监，令他撰写《晋书》。谢灵运对此十分不满，于是"称疾不朝值"，后"表陈疾，赐假东归"。从此生活更加放纵，游山玩水，饮酒赋诗。在出任临川内史时，有人告其"谋反"，谢灵运"遂有逆志"，被捕身死，终年48岁。

纵观谢灵运一生，他犹豫、迟疑、徘徊、反复，自始至终未能认清内心的真实，最终在所谓的反抗与不满中酿成了悲剧。这正是毛泽东所评价的"此人一辈子矛盾着"。

谢灵运身上始终保持着贵族的高傲，却没有适应时代的变迁。"上品无寒门，下品无士族"的门阀政治在寒门出身的刘裕代晋之际，已经开始逐渐被打破。时代的大潮势不可当，从这一层意义上说，谢灵运困蹇的仕途悲剧也是时代进步的折射。

● 一篇"造反的檄文"

在上述的评批中，毛泽东提到了这首被后人题为《自叙》的诗歌"韩亡子房奋，秦帝鲁连耻。本自江海人，忠义感君子"，并说其是"造反的檄文"。毛泽东为何这么说？

我们可以回溯到这首诗的最早出处《宋书·谢灵运传》：

> 司徒（刘义康）遣使随江州从事郑望生收灵运，灵运执录望生，兴兵叛逆，遂有逆志，为诗曰："韩亡子房奋，秦帝鲁连耻。本自江海人，忠义感君子。"追讨禽之，送廷尉治罪。

从这一记载中可以清晰了解到，毛泽东评此诗为"造反的檄文"之原因。这里所说的"造反"，即毛泽东评价谢灵运的"晚节造反，矛盾达于极点"，指的是谢灵运在临川内使任上执录朝廷命官郑望生，"兴兵叛逆"，抗议刘宋王朝对他的压迫一事。谢灵运后来也因此事而死。这首诗正是在这一情况下所写。

"韩亡子房奋"中的子房，即帮助汉高祖刘邦打下天下的功臣张良。此句说的是战国时期韩国被秦所灭后，韩国人张良曾向秦国复仇，后辅佐刘邦成就帝业之事。"秦帝鲁连耻"中的鲁连，即战国时齐国人鲁仲连。他拒不仕秦，且为赵、燕等国出谋划策，反对秦国吞并。"本自江海人，忠义感君子"则是对二人事迹的评价。谢灵运认为此二人本都是浪迹江海之人，但却勇敢反抗秦国，其忠义之行令后人感动。这句诗暗含着谢灵运愿效仿此二人，反对刘宋王朝统治的决心。

谢灵运诗一首。

韩亡子房奋，
秦帝鲁连耻。
本自江海人，
忠义感君子。

毛泽东手书谢灵运《自叙》

毛泽东对这篇"造反的檄文"不仅进行过手书，还在文章中化用过其"造反"的含义。

1958年10月13日，毛泽东在以国防部长彭德怀名义起草的一篇《再告台湾同胞书》的结尾处，写道：

台湾的朋友们，不可以尊美国为帝。请你们读一读鲁仲连传好吧。美国就像那个齐湣王。说到齐湣王，风蚀残年，摇摇欲倒，他对鲁卫小国还要那样横行霸道。六朝人有言：韩亡子房奋，秦帝鲁连耻。本自江海人，忠义感君子。现在是向帝国主义造反的时候了。

毛泽东所说的"六朝人"就是谢灵运，他在这里运用这首"造反"诗歌，旨在号召台湾同胞不能"认美作父"，要联合起来共同反对帝国主义的霸权。毛泽东从爱国主义、两岸和平的角度升华了原诗中"造反"的意涵。

● 谢灵运"功莫大焉"

尽管毛泽东对谢灵运本人的评价不甚高，但对其在文学史上作出的贡献，却给予了很高的评价，称赞其"功莫大焉"。

毛泽东晚年曾对谢灵运有过这样一段评价，他认为：山水诗的出现和蔚为大观，是文学史上的一件大事。如果没有魏晋南北朝人开辟的山水诗园地，没有谢灵运开创的山水诗派，唐人的山水诗就不一定能如此迅速地成熟并登峰造极。就此一点，谢灵运也是"功莫大焉"。

谢灵运的确在山水诗的创作上成就极高，可以说是中国山水诗派的开创者。他打破了东晋以来枯燥乏味的玄言诗的束缚，以精美的语言展示了江南佳地的旖旎风光，为诗坛注入了新的空气。在钟嵘《诗品》中，谢灵运被列入江左以来唯一的上品诗人，被评为"富艳难踪"。严羽《沧浪诗话》中称"谢灵运之诗，无一篇不佳"。鲍照曾评其诗"如初发芙蓉，自然可爱"。

毛泽东对谢灵运的诗歌是喜爱的。《古诗源》中收录的24首谢诗，毛泽东圈画了22首，并在该书编者评论谢诗"一归自然""匠心独运""在新在俊"等处，进行了圈画，表明他对于这些评价的重视或认可。

对谢灵运的《岁暮》一诗："殷忧不能寐，苦此夜难颓。明月照积雪，朔风劲且哀。运往无淹物，年逝觉已催。"毛泽东每句都加了圈画，有的地方还着重加了三个圈。对《斋中读书》一诗："昔余游京华，未尝废丘壑。矧乃归山川，心迹双寂寞。虚馆绝诤讼，空庭来鸟雀。卧疾丰暇豫，翰墨时间作。怀抱观古今，寝食展戏谑。既笑沮溺苦，又哂子云阁。执戟亦以疲，耕稼岂云乐。万事难并欢，达生幸可托。"毛泽东也是逐句圈画，甚至对有些诗句里的每个字都加了密圈。对《邻里相送至方山》中的"解缆及流潮，怀旧不能发。析析就衰林，皎皎明秋月"，《过始宁墅》中的"剖竹守沧海，枉帆过旧山。山行穷登顿，水涉尽洄沿。岩峭岭稠叠，洲萦渚连绵"等，毛泽东都在句旁画着直线、曲线，句下连续画圈。

毛泽东还曾手书谢灵运的诗句赠予他人。1949年5月5日，在筹备新中国成立事宜的繁忙间隙，毛泽东把民主人士柳亚子接到双清别墅叙谈。分别时，毛泽东应柳亚子之请，在他的《羿楼纪念册》上题写："'池塘生春草'，'空梁落燕泥'，'竹外桃花三两枝，春江水暖鸭先知'。一九四九年五月五日柳先生惠临敝舍，曾相与论及上述诸语，因书以为纪念。"

其中，"池塘生春草"一句便出自上文提到的《登池上楼》。这句诗是谢灵运诗歌中的名句。其自然天成，无甚雕琢，刻画了春日的美好之景。关于此句的创作，有一则趣事：据钟嵘《诗品》记载，谢灵运每与其族弟谢惠连晤对，总能得到佳句。谢惠连自幼便颇有才气，后人称谢灵运为"大谢"，谢惠连为"小谢"。谢灵运在永嘉时，曾苦思冥想，未能成诗，乃困倦而卧。蒙眬间见到谢惠连，于是一下便生出"池塘生春草"之句。谢灵运因此说："此语有神助，非我语也。"

从人物性格至生平经历再至文学成就，毛泽东品评谢灵运的方式是从诗中见人，又从人中论诗，不可不谓诗家识见。

"树犹如此,人何以堪"
——毛泽东与庾信

书法赏析

此卷柔丽委婉,不失骨气,灵活潇洒,动静相宜。其中"物犹如此,人何以堪"句,"此"字与"堪"字明显突出,恣意飞动,似将悲怆句意诉之笔端。

诗人诗词

古(枯)树赋

昔年种柳,依依汉南。

今看摇落,凄怆江潭。

物(树)犹如此,人何以堪。

《枯树赋》是南北朝时期文学家庾信的作品。庾信(513—581),字子山,南阳新野(今河南新野)人。其少时便随父亲庾肩吾出入梁朝宫廷,曾任昭明太子萧统伴读、东宫学士。西魏破梁时,他正出使西魏，被迫留居。北周伐魏后，任骠骑大将军、开府仪同三司、洛州刺史等。隋文帝开皇元年（581）去世，终年69岁。有《庾子山集》传世。

庾信诗文存在前后期两种不同风格。前期仕梁时，善作宫体诗，风格绮丽华艳，与同为东宫学士的徐陵作品并称为"徐庾体"。后期因亲历侯景之乱和国破家亡的巨变，背井离乡，承受"失节"的沉重精神负担，诗文风格发生转变，多抒发羁旅之恨、亡国之痛，风格苍劲沉郁。

《枯树赋》就是其后期作品，通过对自然景物的描写，喻托自己在人事沧桑中的憾恨之情。其原文为：

> 殷仲文风流儒雅，海内知名。世异时移，出为东阳太守。常忽忽不乐，顾庭槐而叹曰："此树婆娑，生意尽矣！"
>
> 至如白鹿贞松，青牛文梓。根柢盘魄，山崖表里。桂何事而销亡，桐何为而半死？昔之三河徙植，九畹移根。开花建始之殿，落实睢阳之园。声含嶰谷，曲抱《云门》。将雏集凤，比翼巢鸳。临风亭而唳鹤，对月峡而吟猿。乃有拳曲拥肿，盘坳反覆。熊彪顾盼，鱼龙起伏。节竖山连，文横水蹙。匠石惊视，公输眩目。雕镌始就，剞劂仍加。平鳞铲甲，落角摧牙。重重碎锦，片片真花。纷披草树，散乱烟霞。

若夫松子、古度、平仲、君迁，森梢百顷，槎枿千年。秦则大夫受职，汉则将军坐焉。莫不苔埋菌压，鸟剥虫穿。或低垂于霜露，或撼顿于风烟。东海有白木之庙，西河有枯桑之社，北陆以杨叶为关，南陵以梅根作冶。小山则丛桂留人，扶风则长松系马。岂独城临细柳之上，塞落桃林之下。

若乃山河阻绝，飘零离别。拔本垂泪，伤根沥血。火入空心，膏流断节。横洞口而敧卧，顿山腰而半折，文斜者百围冰碎，理正者千寻瓦裂。载瘿衔瘤，藏穿抱穴，木魅睒睗，山精妖孽。

况复风云不感，羁旅无归。未能采葛，还成食薇。沉沦穷巷，芜没荆扉，既伤摇落，弥嗟变衰。《淮南子》云："木叶落，长年悲。"斯之谓矣。乃歌曰："建章三月火，黄河万里槎。若非金谷满园树，即是河阳一县花。"桓大司马闻而叹曰："昔年种柳，依依汉南。今看摇落，凄怆江潭。树犹如此，人何以堪！"

这篇赋是庾信的自喻，名为写枯树，实为写自己。他以经受种种摧残、生机已尽的枯木自喻，抒发了身世之慨、故乡之思与羁旅之恨。开篇借殷仲文失意时对庭中槐树的慨叹，抒发"此树婆娑，生意尽矣"的人生消沉之感，接着描绘了诸多树木因受摧残发出的种种哀鸣惨象，其中"若乃山河阻绝，飘零离别。拔本垂泪，伤根沥血"，寓国破家亡、异国漂泊之慨。末尾引桓温"昔年种柳，依依汉南。今看摇落,凄怆江潭。树犹如此,人何以堪"之语,表达难以自遣的哀痛之情。

伟人情思

唐代诗人杜甫曾评价庾信:"庾信平生最萧瑟,暮年诗赋动江关。"杜甫在这里说的便是庾信后期文学作品的成就。庾信一生虽然高官厚禄,但从严格意义上说,他并非一位政治家,而是一位情感丰富的文人。作为他羁留北朝之后的代表作品,《枯树赋》深得毛泽东的喜爱。这篇赋不仅受到毛泽东的高度评价,还伴随着毛泽东走到生命的最后。

● 高度评价《枯树赋》的文学成就

毛泽东喜爱《枯树赋》,并将其视为庾信"妙笔生花"之作。

毛泽东晚年曾对身边的工作人员芦荻表示:南北朝作家,妙笔生花者,远不止江淹一人,庾信就是一位。他接着评价了《枯树赋》的文学成就,认为这篇赋有这样几个特点:

其一,这篇赋描写生动,联想力丰富。把宫廷、山野、水边、山上的树,名贵的、普通的树都写到了,又把和树有关的典故、以树命名的地方,也都写了进来,眼界宽广,思路开阔。

其二,庾信用形象、夸张的语言,描写出各种树木原有的勃勃生机、繁茂雄奇的姿态,以及树木受到种种摧残后衰败摇落的惨状,这是很成功的写法。这样写,对比鲜明,读来自然使人对树木受到的摧残产生不平,感到惋惜。

其三,这篇赋的结构独特,毛泽东特别是对全赋以殷仲文"顾庭槐而叹曰:'此树婆娑,生意尽矣'"起兴,以桓温"昔年种柳,依依汉南。今看摇落,凄怆江潭。树犹如此,人何以堪"的浩叹作结的结构激赏不已。毛泽东认为,这两段话不仅是全赋的"纲",是画龙点睛之笔,而且起结呼应,使全赋有一气呵成之势,突出了立意,又余韵不尽。

对于庾信的文学作品,毛泽东不仅熟悉《枯树赋》,也熟悉其不为人所知的其他诗赋。1949年冬,毛泽东在中南海颐年堂约见章士钊、刘斐、符定一等民主人士。其中,符定一先生是毛泽东在长沙读书时的老师,也是我国著名的文字语言学家。从1910年起,符先生便开始搜集我国自隋唐以来经籍中的联绵字,几十年如一日,终于在1940年编著而成《联绵字典》。或许正因如此,他有一句口头禅是:"你认得几个字?"毛泽东大概也知道这个事情。所以,当他们谈到魏晋南北朝文学时,毛泽东顺口把庾信《谢滕王赉马启》中的一段念了出来:"柳谷未开,翻逢紫燕;陵源犹远,忽见桃花。

流电争光,浮云连影。"接着风趣地问道:"他(庾信)总能认几个字吧?"《谢滕王赉马启》并不是庾信广为流传的作品,而毛泽东却能随意背出,可见他对庾信作品的熟悉与喜爱。

● 关心《枯树赋》的注解

毛泽东不仅认可《枯树赋》的文学成就,还从一个文学研究者的角度关心着《枯树赋》的注解,并给出自己的意见。

1975年,毛泽东布置注释《枯树赋》。注本沿袭了传统的"移植"说,认为枯树之所以枯萎凋零,是因为树木在移植过程中伤了根本。庾信借枯树的腾挪移植比喻自己身仕数朝、飘零异地。但是,毛泽东却不同意这种看法。他认为树木之所以枯萎并非由于在移植过程中受到伤害,而是受到了外界的种种摧残所致。

为此,他特别针对《枯树赋》的注释提出过几点意见。比如,赋中的"桐何为而半死","桐"是指枚乘《七发》里的"其根半死半生"和被人"斫斩以为琴"的龙门之桐。桐的半死和凋枯,缘于受到了急流逆波的冲荡和被人砍伐等摧残,不是移植问题。"若夫松子、古度"一句,原文就说得很清楚,这些枝干繁茂、根柢庞大、生命力极强的大树,乃是因为受了苔菌的埋压、鸟虫的剥穿、霜露风烟的侵摄,才变衰枯死的,和移植毫无关系。"临风亭而唳鹤,对月峡而吟猿"一句，说的就是受到了种种摧残的树木，发出的声音凄伤悲哀。又如，赋中的"比翼巢鸳"中的"鸳"，不是"鸳鸯"，可能是鹓，古代传说中一种像凤凰的鸟。他还用从未见到过鸳鸯在树上筑巢的生活常识对此加以说明。

毛泽东对于《枯树赋》以及其他几篇赋文注释的意见，还被特意印成了《主席对几条注文的意见》，供注释组成员参考。后来，注释组写了一份题为《关于〈枯树赋〉、〈别赋〉、〈恨赋〉注文的问题》的材料，认为《枯树赋》和《恨赋》的注文确有与原意不合之处。1975年8月，毛泽东对这一材料作了批示：

此注较好。我早已不同意移植之说，上月曾告芦荻。关于注释问题，请你们过细的研究。

毛泽东　一九七五年八月

毛泽东以高度的钻研精神关心《枯树赋》的注解，不仅反映出他对《枯树赋》的喜爱，也反映出他对于古诗文注释方法的研究与关注。他曾指出：注释古文古诗，自然要有雄厚的基本功，同时也要细察全文，综观总体的认真精神。搞注释最忌讳以偏概全和根据一言半语就妄下结论的做法。

也许正是这种以专业研究者的态度研读古诗文的探索精神，才造就了毛泽东精深的古文造诣，以至这种复杂的赋体写作在他日常的书信往来中也可以信手拈来。比如，1935年12月5日，毛泽东曾致信杨虎城：

> 盖日本帝国主义实我民族国家之世仇，而蒋介石则通国人民之公敌。是以抗日反蒋，势无偏废。建义旗于国中，申天讨于禹域，驱除强寇；四万万具有同心，诛戮神奸，千百年同兹快举。
>
> 鄙人等卫国有心，剑履俱奋，行程二万，所为何来，既达三秦，愿求同志。倘得阁下一军，联镳并进，则河山有幸，气势更雄，减少后顾之忧，增加前军之力。鄙人等更愿联合一切反蒋抗日之人，不问其党派及过去之行为如何，只问今日在民族危急关头是否有抗日讨蒋之诚意，凡愿加入抗日讨蒋之联合战线者，鄙人等无不乐于提携，共组抗日联军，并设国防政府主持抗日讨蒋大计。
>
> 如荷同意，即祈派代表，前来苏区，洽商一切。重关百二，谁云秦塞无人；故国三千，惨矣燕云在望。亡国奴之境遇，人朽不甘；阶下囚之前途，避之为上。冰霜遍地，勉致片言，风雨同舟，望闻明教。

这封信主体为骈文形式，毛泽东用光昌流丽、撼人心扉的语言，表达了中国共产党愿与杨虎城共同抗日反蒋的诚心。这种继承创新、融古于今的写作方式，足见毛泽东深厚的古文功底。

● **生命最后的赋**

也许是《枯树赋》中流露出的生机已尽的人生失落之感，牵动了毛泽东的晚年心绪，让这首赋伴随他到生命的最后，成为他"诵读的最后一首赋"。

毛泽东晚年身边的工作人员张玉凤，曾经回忆过毛泽东逝世前阅读《枯树赋》的情景：

有一天，主席让我找来古人庾信的一首赋《枯树赋》，这首赋主席是早已熟读过的，前些年他还嘱印过大字本，全赋大部分章节他都能背诵下来，即使是在这病魔缠身的晚年仍能背出。今天他特意指名让我找这首赋读给他听。这是一首以树喻人，曲折动人，读来令人感慨万分的赋。在他的病床边，我读着这首赋，读得很慢，主席微闭着双目体味那赋中描述的情景，回顾着自己一生经历……主席让我连续读了两遍，他边听着，边默记着。后来他说自己背诵。此时，他虽不能像过去那样声音洪亮地吟诗，但他仍以那微弱而又费力的发音，一字一句地富有感情地背出："'此树婆娑，生意尽矣！'至如白鹿贞松，青牛文梓，根柢盘魄，山崖表里。桂何事而销亡，桐何为而半死？……'昔年种柳，依依汉南。今看摇落，凄怆江潭。树犹如此，人何以堪！'"稍许，主席又让我看着书，他慢慢地背第二遍。老人家的记忆力真是惊人，他背得很好，除少数几处需偶尔提示一下句首外，均全部背诵自如了。他的声音，他背诵时的表情，至今历历在目，令我终生难忘，感慨万千。……后来主席常常想起来就吟诵着这首赋，直到他不能讲话为止。这是他诵读的最后一首赋，也是我为他最后一次读诗读赋。

毛泽东晚年常读《枯树赋》，也许与他感受到自己已日渐衰老有关。从1971年开始，毛泽东的体质明显下降，不仅患有白内障，腿脚也不再灵便，发声也日渐含糊，衰老不可抑制地袭来。他有时会摸着自己的双腿，黯然神伤地说：我的腿病很久了，不能走路，要不断地锻炼它，战胜它，可是很困难啊。再加上他的亲密战友董必武、周恩来、朱德等人先后离世，以及倾注了他晚年大量心血的政治理想一次次的失败，这些汇聚起的年老体衰、壮志未酬、无力回天的感受，与《枯树赋》中"木叶落，长年悲""生意尽矣""树犹如此，人何以堪"的情感难免有相通之处。这是即将走向生命尽头的伟人无奈的告白。

毛泽东在生命的最后，将自己看作一棵"枯树"，这对于一代伟人来说，是意味深长的。

实际上，这篇伴随毛泽东走向生命终点的《枯树赋》始终与毛泽东的情感紧密相连。早在1951年，毛泽东便因极度悲伤而吟诵过其中的句子。他在得知爱子毛岸英在朝鲜战场牺牲的消息后，曾久久凝视庭院里那萧疏的垂柳，低吟了其中的名句："昔年种柳，依依汉南。今看摇落，凄怆江潭。树犹如此，人何以堪！"

今天，我们已经无法真正判断出，毛泽东究竟是因与《枯树赋》有情感上的共鸣才用心研读它，还是因为用心研读才加深了与《枯树赋》的情感共鸣，或许二者本就是共通共融的。

枯树赋

昔年种柳，依依汉南。今看摇落，凄怆江潭。树犹如此，人何以堪。

"青年人比老年人强"
——毛泽东与王勃

书法赏析

此卷用笔干净利落,线条刚劲有力,布局揖让有序。特别是"城阙"与"儿女"四字,字体大小首尾呼应,和谐生趣。其书体借鉴钟王,又有魏碑形态,展示了书法艺术的创新之美。

诗人诗词

送杜少府之任蜀州

城阙辅三秦,烽(风)烟望五津。

与君离别意,同是宦游人。

海内存知己,天涯若比邻。

无为在歧路,儿女共沾巾。

(王勃诗一首)

《送杜少府之任蜀州》是唐代文学家王勃的作品。王勃(650—

676），字子安，绛州龙门（今山西河津）人。少擅文辞，14岁应举及第，授朝散郎。受沛王李贤赏识，应召入府，后因戏作《檄英王鸡》文，被高宗逐出王府，客游蜀地。后补任为虢州参军，又因擅杀官奴判死罪。遇赦后，渡海省亲，溺水受惊而死，时年27岁左右。王勃是初唐时期极富才华的青年才俊，尤擅骈文，与杨炯、卢照邻、骆宾王并称"初唐四杰"。明人辑有《王子安集》。

这首《送杜少府之任蜀州》是王勃的代表作之一。诗歌一改传统送别诗的凄苦哀婉之情，而代之以乐观旷达、洒脱超逸，其境界十分开阔。"海内存知己，天涯若比邻"一句亦成千古名句。毛泽东非常喜欢这首诗，不仅对其进行了手书，还对其进行过圈画。在一本《注释唐诗三百首》中，毛泽东在这首诗的天头上面，批注了一个"好"字，在"海内存知己，天涯若比邻"这句下面，连画了三个圈。

伟人情思

毛泽东十分重视对于青年的培养，对于王勃这样一位中国古代的少年英才，毛泽东似乎更是青睐有加。王勃其人其才，曾触发毛泽东一段近千字的感慨，而这也成为毛泽东品评历史人物时所写就的最长的一段批语。

毛泽东的这段批语,写在一本清代项家达所编的《初唐四杰集》中。他在王勃《秋日楚州郝司户宅饯崔使君序》一文的标题前画了一个圈,并于旁边写下这段批语。毛泽东的这段批语,其含义大致可分为三个部分:一是考证王勃生平,二是评价王勃诗文,三是陈说自己对青年的态度。

● 考证生平:"这个人一生倒霉"

这段千字批语的第一部分是关于王勃生平的考证。毛泽东这样写道:

是去交趾(安南)路上作的,地在淮南,或是寿州,或是江都。时在上元二年,勃(王勃)年应有二十三四了。他到南昌作《滕王阁诗序》说,"等终军之弱冠"。弱冠,据《曲礼》,是二十岁。

勃死于去交趾路上的海中,《旧唐书》说年二十八,《新唐书》说二十九,在淮南、南昌作序时,应是二十四、五、六。

《王子安集》百分之九十的诗文,都是在北方——绛州、长安、四川之梓州一带、河南之虢州作的。在南方作的只有少数几首,淮南、南昌、广州三地而已。广州较多,亦只数首。交趾一首也无,可见他并未到达交趾就翻船死在海里了。

有人根据《唐摭言》《太平广记》二书断定：在南昌作序时年十三岁，或十四岁。据说他做过沛王李贤的幕僚，官"修撰"，被高宗李治勒令驱逐，因为他为诸王斗鸡写了一篇《檄英王鸡》的文章。在虢州时，因犯法，被判死，遇赦得免。

……

这个人一生倒霉，到处受惩，在虢州几乎死掉一条命。

毛泽东对王勃生平的考证，着重于推断王勃在淮南写就《秋日楚州郝司户宅饯崔使君序》和在南昌写就《滕王阁序》时的年龄。

关于王勃撰写《秋日楚州郝司户宅饯崔使君序》的年龄，毛泽东认为"是去交趾（安南）路上作的，地在淮南，或是寿州，或是江都。时在上元二年，勃（王勃）年应有二十三四了"。毛泽东之所以作此推断是有根据的，他的根据是王勃在这篇序的开头明确交代的写作时间——"上元二载，高秋八月"，即公元 675 年 8 月，由此可推定王勃当时的年龄。

关于王勃在南昌撰写《滕王阁序》时的年龄，历来有二说。一种说法是根据《唐摭言》和《太平广记》中的记载，认为王勃在南昌作序时为十三岁或十四岁；另一种说法是根据《新唐书》和《旧唐书》中的《王勃传》，认为此序是王勃前往交趾省亲途中所作，应为二十多岁。对于王勃传记，毛泽东非常熟悉，他曾在《新唐书·王勃传》中的"勃属文,初不精思,先磨墨数升,则酣饮,引被覆面卧。及寤,援笔成篇,不易一字。时人谓勃为腹稿"下画过着重线。正是根据《新唐书》《旧唐书》中的记载,又结合序中的"等终军之弱冠"这一表述,毛泽东对后说表示赞同,并进一步推断王勃时年当在"二十四、五、六"。

为进一步论证自己对于王勃写作《滕王阁序》时年龄的推断,毛泽东又从王勃诗文创作的地缘性上进行了分析,他写道:"《王子安集》百分之九十的诗文,都是在北方——绛州、长安、四川之梓州一带、河南之虢州作的。在南方作的只有少数几首,淮南、南昌、广州三地而已。广州较多,亦只数首。交趾一首也无,可见他并未到达交趾就翻船死在海里了。"由于王勃在南方作的诗文较少,而《秋日楚州郝司户宅饯崔使君序》与《滕王阁序》恰属于这少数的南方之作,由此便增加了二者写作时间上的相近性。由于《秋日楚州郝司户宅饯崔使君序》一文的写作时间基本没有争议,即二十三四岁,那么《滕王阁序》的写作时间也应距此不远。

在对王勃年龄进行考证之后,毛泽东又叙述了王勃短暂的一生:"他做过沛王李贤的幕僚,官'修撰',被高宗李治勒令驱逐,因为他为诸王斗鸡写了一篇《檄英王鸡》的文章。在虢州时,因犯法,被判死,遇赦得免。"少有才名的王勃,本应仕途顺遂,然而其短暂的一生却跌宕起伏,最终溺水而亡,不禁令人唏嘘。对王勃的人生经历，毛泽东用充满遗憾又略带感伤的语气写下了这样一句评语："这个人一生倒霉"。

从毛泽东完全凭记忆写下的这段关于王勃生平的考证文字中，不仅可以看出他对历史的熟悉，更可以看到他广博的阅读量与严密的分析判断能力。

● 评价诗文："光昌流丽之外，还有牢愁满腹一方"

"一生倒霉"的王勃，却留下了"光昌流丽"的诗文；也正是这"一生倒霉"的特殊人生经历，又让其诗文多了"牢愁满腹"的一面。毛泽东批语的第二部分就是对于王勃诗文创作的评价：

这个人高才博学，为文光昌流丽，反映当时封建盛世的社会动态，很可以读。

这个人一生倒霉，到处受惩，在虢州几乎死掉一条命。所以他的为文，光昌流丽之外，还有牢愁满腹一方。杜甫说，"王杨卢骆当时体，……不废江河万古流"，是说得对的。

为文尚骈，但是唐初王勃等人独创的新骈、活骈，同六朝的旧骈、死骈，相差十万八千里。他是七世纪的人物，千余年来，多数文人都是拥护初唐四杰的，反对的只有少数。

这段批语中,毛泽东首先对王勃的文学作品给予了高度评价,他说:"这个人高才博学,为文光昌流丽,反映当时封建盛世的社会动态,很可以读。"从"很可以读"四个字,可以看出毛泽东对王勃作品十分欣赏。他特别提到了王勃对于骈文创作的贡献,指出王勃虽"为文尚骈",但写的却是"新骈、活骈",与六朝之"旧骈、死骈,相差十万八千里"。

作为"初唐四杰"之一的王勃,他不满当时文坛上盛行的以"上官体"为代表的纤细柔弱、骨气尽失的文风,试图改革其弊。其文学作品"壮而不虚,刚而能润,雕而不碎,按而弥坚",对当时的文坛产生了很重要的影响。对此,毛泽东引用杜甫《戏为六绝句》中的"王杨卢骆当时体,轻薄为文哂未休。尔曹身与名俱灭,不废江河万古流"一诗,肯定了王勃等人为改变六朝以来浮华文风,促进唐代文学发展所起到的承上启下的重要作用。

特别需要提到的一点是,毛泽东在这里不仅看到了王勃为文"光昌流丽"的一面,还结合他的命运遭际,指出他的为文"光昌流丽之外,还有牢愁满腹一方"。

最能突出体现王勃为文"光昌流丽"和"牢愁满腹"相结合特点的,就是毛泽东在批语中提到的《滕王阁序》。

滕王阁,位于今江西南昌,得名于唐太宗李世民之弟、滕王李元婴。王勃在去交趾探望父亲时途经此地,恰逢都督阎伯屿为滕王阁的重修落成而举办宴饮。王勃有幸参加这次宴会，席间作此序。

此文一方面"光昌流丽"，用生动的笔触描绘了登临滕王阁所见之壮丽景象。全文对仗工整，辞藻华丽，用典繁富，声律和谐，极具艺术之美。虽是骈文，但却内容丰富，情感真挚，正所谓毛泽东所言"新骈、活骈"。如：

> 时维九月，序属三秋。潦水尽而寒潭清，烟光凝而暮山紫。俨骖𬴊于上路，访风景于崇阿。临帝子之长洲，得天人之旧馆。层峦耸翠，上出重霄；飞阁流丹，下临无地。鹤汀凫渚，穷岛屿之萦回；桂殿兰宫，即冈峦之体势。
>
> 披绣闼，俯雕甍，山原旷其盈视，川泽纡其骇瞩。闾阎扑地，钟鸣鼎食之家；舸舰弥津，青雀黄龙之舳。云销雨霁，彩彻区明。落霞与孤鹜齐飞，秋水共长天一色。渔舟唱晚，响穷彭蠡之滨；雁阵惊寒，声断衡阳之浦。

其中"落霞与孤鹜齐飞，秋水共长天一色"一句千古流传。毛泽东对此句也甚是喜欢。20世纪60年代，毛泽东在和子女的谈话中曾提到《滕王阁序》，谈兴至浓时，他坐到桌前，挥毫写下了这句诗。

另一方面，此文又"牢愁满腹"，抒发了作者对于人生无常、命运多舛的慨叹，表达了自己怀才不遇的心境。如：

天高地迥，觉宇宙之无穷；兴尽悲来，识盈虚之有数。望长安于日下，目吴会于云间。地势极而南溟深，天柱高而北辰远。关山难越，谁悲失路之人？萍水相逢，尽是他乡之客。怀帝阍而不见，奉宣室以何年？

　　嗟乎！时运不齐，命途多舛。冯唐易老，李广难封。屈贾谊于长沙，非无圣主；窜梁鸿于海曲，岂乏明时？所赖君子见机，达人知命。老当益壮，宁移白首之心？穷且益坚，不坠青云之志。酌贪泉而觉爽，处涸辙以犹欢。北海虽赊，扶摇可接；东隅已逝，桑榆非晚。孟尝高洁，空余报国之情；阮籍猖狂，岂效穷途之哭！

　　勃，三尺微命，一介书生。无路请缨，等终军之弱冠；有怀投笔，慕宗悫之长风。舍簪笏于百龄，奉晨昏于万里。非谢家之宝树，接孟氏之芳邻。他日趋庭，叨陪鲤对；今兹捧袂，喜托龙门。杨意不逢，抚凌云而自惜；钟期既遇，奏流水以何惭？

　　这段文字中的"关山难越，谁悲失路之人？萍水相逢，尽是他乡之客""老当益壮，宁移白首之心？穷且益坚，不坠青云之志""无路请缨，等终军之弱冠；有怀投笔，慕宗悫之长风"，都是作者结合自己身世经历的真诚表达，读来令人动容。

　　毛泽东独具慧眼，看到了天生的才华禀赋与后天的人生遭际所成就的王勃"光昌流丽"与"牢愁满腹"共存的独特文学风格。

● 陈说态度:"青年人比老年人强"

也许是惋惜王勃的英年早逝,毛泽东借此又生发出对中国古代早逝英才的怜惜,并作出一番关于"青年"的论述:

以一个二十八岁的人,写了十六卷诗文作品,与王弼的哲学(主观唯心主义),贾谊的历史学和政治学,可以媲美。都是少年英发,贾谊死时三十几,王弼死时二十四。还有李贺死时二十七,夏完淳死时十七。都是英俊天才,惜乎死得太早了。

青年人比老年人强,贫人、贱人、被人们看不起的人、地位低的人,大部分发明创造,占百分之七十以上,都是他们干的。百分之三十的中老年而有干劲的,也有发明创造。这种三七开的比例,为什么如此,值得大家深深地想一想。结论就是因为他们贫贱低微,生力旺盛,迷信较少,顾虑少,天不怕,地不怕,敢想敢说敢干。如果党再对他们加以鼓励,不怕失败,不泼冷水,承认世界主要是他们的,那就会有很多的发明创造。我们近来全民性的四化运动(机械化、半机械化、自动化、半自动化),充分地证明我的这个论断。由王勃在南昌时年龄的争论,想及一大堆,实在是想把这一大堆吐出来。一九五八年党大会上我曾吐了一次,现在又想吐,将来还要吐。

这段批语提到了这几位古代的青年才俊：王弼，三国时期曹魏经学家、哲学家，魏晋玄学的代表人物及创始人之一，其少时便明察聪慧，通辩能言，官至尚书郎，著有《老子注》《老子指略》《周易注》《周易略例》等，病亡时年仅23岁；贾谊，西汉著名政论家、文学家，少有才名，文帝时任博士，后为梁怀王太傅，因梁怀王不幸坠马致死而愧疚不已，抑郁而亡，死时仅33岁；李贺，唐代著名诗人，其出身世家，却仕途不顺，27岁时英年早逝；夏完淳，明末诗人，抗清将领，5岁知五经，7岁能诗文，14岁随父抗清复明，被捕被杀时年仅17岁。

毛泽东一次性列举这么多英年早逝的历史人物，一方面表达了自己的惋惜之情，一方面也是为了引出一个重要观点："青年人比老年人强"。

为此，毛泽东又提出了一个问题："大部分发明创造，占百分之七十以上，都是他们干的。百分之三十的中老年而有干劲的，也有发明创造。这种三七开的比例，为什么如此，值得大家深深地想一想。"

对于这个问题，毛泽东紧接着给出了自己的答案，他写道："因为他们贫贱低微，生力旺盛，迷信较少，顾虑少，天不怕，地不怕，敢想敢说敢干。"毛泽东的这一观点，实际上蕴含着辩证法的思想。他发现了"贫贱低微"与"生力旺盛"之间的内在联系，认为二者之间存在因果转化的客观必然。在毛泽东看来，地位低下被压抑的主体，才拥有更多实现内心渴望的动力；而地位较高的主体，则充满惰性和畏惧心理。因此，作为"青年"的前者富有生命力，天不怕，地不怕，敢想敢说敢干；而作为"中老年"的后者则唯唯诺诺、思前想后，甚至有时会成为时代前进的阻碍。

正因如此，毛泽东十分反对压制青年人。他在批语中说："一九五八年党大会上我曾吐了一次，现在又想吐，将来还要吐。"这里的"我曾吐了一次"指的是，1958年5月8日，毛泽东在党的八大二次会议上所作的"破除迷信"的讲话。在这次讲话中，他列举了古今中外29位年轻有为的青年人的例子。其列举这些人物的目的，就是为说明：青年人是要胜过老年人的，学问少的人可以不迷信学问多的人，不要被大学问家所吓倒！要敢想，敢说，敢做，不要不敢想，不敢说，不敢做。这种束手束脚的现象不好，要从这种现象里解放出来。

同年的5月18日，毛泽东又在文件上批示：

此件印发大会各同志阅读。请中央各工业交通部门各自收集材料，编印一本近三百年世界各国（包括中国）科学、技术发明家的通俗简明小传（小册子）。看一看是否能够证明：科学、技术发明大都出于被压迫阶级，即是说，出于那些社会地位较低、学问较少、条件较差、在开始时总是被人看不起,甚至受打击、受折磨、受刑戮的那些人。这个工作,科学院和大学也应当做,各省市自治区也应当做。各方面同时并举。如果能够有系统地证明这一点,那就将鼓舞很多小知识分子、很多工人和农民,很多新老干部打掉自卑感,砍去妄自菲薄,破除迷信,振奋敢想、敢说、敢做的大无畏创造精神……

这一批示的中心思想,实际上与毛泽东对于青年人的认知在本质上是一致的,都反映了毛泽东认为"被压迫阶级"是社会发展的重要推动力的思想。

重视青年的作用,主张要对青年多多鼓励和放手任用,是毛泽东始终如一的观点。早在1953年6月30日,毛泽东在接见中国新民主主义青年团第二次全国代表大会主席团时,就曾说道:

要选青年干部当团中央委员。三国时代,曹操带领大军下江南,攻打东吴。那时,周瑜是个"青年团员",当东吴的统帅,程普等老将不服,后来说服了,还是由他当,结果打了胜仗。现在要周瑜当团中央委员,大家就不赞成!团中央委员尽选年龄大的,年轻的太少,这行吗?自然不能统统按年龄,还要按能力。团中央委员候选人的名单,三十岁以下的原来只有九个,现在经过党中央讨论,增加到六十几个,也只占四分之一多一点,三十岁以上的还占差不多四分之三,有的同志还说少了。我说不少。六十几个青年人是否都十分称职,有的同志说没有把握。要充分相信青年人,绝大多数是会胜任的。个别人可能不称职,也不用怕,以后可以改选掉。这样做,基本方向是不会错的。青年人不比我们弱。老年人有经验,当然强,但生理机能在逐渐退化,眼睛耳朵不那么灵了,手脚也不如青年敏捷。这是自然规律。要说服那些不赞成的同志。

而在这篇王勃诗文引发的批语中,毛泽东再次表达了类似的观点,他写道:"如果党再对他们加以鼓励,不怕失败,不泼冷水,承认世界主要是他们的,那就会有很多的发明创造。"

毛泽东对于王勃其人其文的评批,已经远远超越了文学的层面,而是将视野投向一个更为广阔的世界,一个与社会发展紧密联系的世界,一个面向全体青年人的世界,而这样的评批也只能属于政治家兼诗人的毛泽东。

"他是一个胸襟洒脱的人"
——毛泽东与贺知章

书法赏析

此卷用尖笔书写,如"少小""笑问"等,入笔锐利,又不失婉转灵动。"儿童相见不相识,笑问客从何处来"二句,左旋右绕,连绵衔接,呈现游丝飞动之美。

诗人诗词

回乡偶书

少小离家老大回,乡音无改鬓毛衰。

儿童相见不相识,笑问客从何处来。

这首诗是唐代诗人贺知章的《回乡偶书》。贺知章(659—744),字季真,晚年自号"四明狂客",越州永兴(今浙江萧山)人。武则天证圣元年(695)进士及第,授国子四门博士,累迁至太子宾客、秘书监。天宝初年求还乡里,唐玄宗赋诗赠行。贺知章性格旷达,才华横溢，于政坛、文坛均享有崇高地位。诗存19首，尤擅七绝，《回乡偶书》《咏柳》为其代表作。

《回乡偶书》作于贺知章80多岁返乡之时。此时的贺知章已经离开家乡50多年，亲朋好友大多离世，孩童们已不认识他，把他当成了外乡人。贺知章面对此情此景，颇多伤感，便写下了这首著名的《回乡偶书》。少时离家，风华正茂；暮年返归，鬓毛疏落。这首诗写出了许多久客在外、乍归故里之人的感受，将这种置身于熟悉而又陌生环境之中的复杂心情刻画得淋漓尽致。其诗歌表现手法也非常独特，前两句用"少小离家"与"老大回"、"乡音无改"与"鬓毛衰"进行对比，既写出客居他乡岁月之长，又写出不变的乡情乡音。后两句用富有戏剧性的儿童笑问场面，以乐景写哀情，引出诗人无限伤感，自己的老迈衰颓与反主为宾的悲哀都包含在这看似平淡的一问中了。全诗就在这有问无答处悄然作结，而弦外之音却空谷传响。

伟人情思

毛泽东很喜欢这首《回乡偶书》，不仅对其进行过手书，还多次圈阅。围绕这首诗，不仅有许多与毛泽东有关的趣闻逸事，还有一场"严肃认真"的笔墨"官司"，从中透露着毛泽东对贺知章其人的评价。

● 围绕《回乡偶书》的趣闻逸事

毛泽东熟悉并喜爱《回乡偶书》。关于这首诗,有这样几则与毛泽东有关的趣事。

井冈山时期,毛泽东曾教贺子珍学习这首诗歌。1929年10月,毛泽东在福建上杭山区养病时,贺子珍想要毛泽东教她写诗。毛泽东说写诗不难,要多读,多背诗,古人叫"熟读唐诗三百首,不会作诗也会吟"。那么要从哪首诗开始读起呢?毛泽东选了这首《回乡偶书》,并开玩笑地对贺子珍说,因为这是她的老祖宗唐朝诗人贺知章的名作,所以可以先从这首诗歌学起。贺子珍很快便将这首诗背熟了,并活学活用,说自己将来回老家时,怕也是"儿童相见不相识,笑问客从何处来"。毛泽东之所以选《回乡偶书》作为贺子珍学诗的开始,其原因应该远不止贺知章与贺子珍是同姓,更多的是基于这首诗歌的文辞和情感都通俗易懂,是一首标准的七言绝句,很适合初学者。

抗日战争时期,毛泽东还曾用此诗为徐特立饯行。1937年7月,徐特立受命以八路军高级参议的身份出任八路军驻湘办事处代表。离开延安前,毛泽东在枣园为他送别时说:贺知章是"少小离家老大回,乡音无改鬓毛衰"。你可是五十离家花甲归,乡音无改志未衰啊!此次返湘,可不会是"儿童相见不相识",在社会上你徐老的名气大得很咧！你是教育界的"长沙王"嘛！徐特立，是湖南善化（今长沙县江背镇）人，他是毛泽东的老师，长期从事教育工作，是中国杰出的革命家和教育家，被尊为"延安五老"之一。毛泽东化用《回乡偶书》为徐特立饯行，一方面对徐老的功绩给予了肯定，另一方面又在轻松的氛围中化解了分别的伤感。

新中国成立后，在一次招待九三学社人士的宴席上，毛泽东又提起《回乡偶书》。席间，爱抽烟的毛泽东忍不住烟瘾，请求抽烟，并美其名曰"以烟代酒"。于是有人便笑称：主席，您的乡音无大改呀！毛泽东听后便说道：乡音是无改，鬓毛却已衰矣！毛泽东通过化用"乡音无改鬓毛衰"，幽默地化解了抽烟的尴尬，也化解了对方看似"冒犯"的话语，既展现了毛泽东的才思敏捷，也展现了他旷达的胸襟。

毛泽东总是在日常小事中念及这首浸润着伤感与复杂之心境的《回乡偶书》，也许是因为与贺知章一样有着少年离乡的类似经历，也许是因为心中那份永远割舍不掉的故乡情。

● 《回乡偶书》引发的笔墨"官司"

关于这首《回乡偶书》，还有一件"严肃认真"的笔墨"官司"。这件"官司"发生在毛泽东与刘少奇之间。说是"官司"，其实是毛泽东与刘少奇关于《回乡偶书》涉及的一些史实的学术探讨。

1957年3月24日,刘少奇在湖南省委干部会议上,谈到国家建设时期夫妻两地分居的问题时,引用了这首诗。他认为,从历史上考察,像贺知章这样的历史人物进京做官是不带眷属的,因而"少小离家老大回",我们共产党人正在艰苦创业时期,也不能够一下子把家属都迁进城。他希望广大职工能够发扬精神,体谅国家难处,帮助国家一起来解决这样的困难。

刘少奇回到北京后将这件事告诉了毛泽东。毛泽东得知后,总觉不甚妥当。他对于刘少奇从国家建设大局、人民长远利益出发,认为不能在短时间内解决职工两地分居困难的问题是赞同的。但是,以贺知章的这首诗断定古代官吏在外居官不带眷属,似乎不大充分。

为了弄清楚这个问题,毛泽东翻阅了众多有关贺知章的诗话、史传、笔记小说,以及20世纪50年代流传的一些唐诗注本。在毛泽东故居收藏的一本《全唐诗话》中,还有毛泽东对贺知章还乡内容的圈画。毛泽东经过仔细核查,发现都没有关于贺知章不带眷属的记载。于是,1958年2月10日,他特地给刘少奇写了一封信,详细论述了自己的观点:

少奇同志:

前读笔记小说或别的诗话,有说贺知章事者。今日偶翻《全唐诗话》，说贺事较详，可供一阅。他从长安辞归会稽（绍兴），年已八十六岁，可能妻已早死。其子被命为会稽司马，也可能六七十了。"儿童相见不相识"，此儿童我认为不是他自己的儿女，而是他的孙儿女或曾孙儿女，或第四代儿女，也当有别户人家的小孩子。

贺知章在长安做了数十年太子宾客等官，同明皇有君臣而兼友好之遇。他曾推荐李白于明皇，可见彼此惬洽。在长安几十年，不会没有眷属。这是我的看法。他的夫人中年逝世，他就变成独处，也未可知。

他是信道教的，也有可能屏弃眷属。但一个九十多岁像齐白石这样高年的人，没有亲属共处，是不可想象的。他是诗人，又是书家（他的草书《孝经》，至今犹存）。他是一个胸襟洒脱的人，不是一个清教徒式的人物。

唐朝未闻官吏禁带眷属事，整个历史也未闻此事。所以不可以"少小离家"一诗便作为断定古代官吏禁带眷属的充分证明。

自从听了那次你谈到此事以后，总觉不甚妥当。请你再考一考，可能你是对的，我的想法不对。睡不着觉，偶触及此事，故写了这些，以供参考。

毛泽东

一九五八年二月十日上午十时

复寻《唐书·文苑·贺知章传》(《旧唐书·列传一百四十》，页二十四），亦无不带家属之记载。近年文学选本注家，有说"儿童"是贺之儿女者，纯是臆测，毫无确据。

刘少奇之所以得出贺知章为官期间未带眷属的结论，主要基于将"儿童相见不相识"中的"儿童"断定为贺知章的儿女。毛泽东不赞成这一观点，他认为，将"儿童"断定为贺知章儿女，"纯是臆测，毫无确据"，贺知章身边不会没有眷属。毛泽东在信中详细给出了自己的论据：

一是根据贺知章"老大回"的年龄进行推断。贺知章返乡时已86岁，其子担任会稽司马，已六七十岁，因而"儿童"不可能是贺知章自己的儿女。一种可能性是他的孙辈或第四代，另一种可能是邻人家的孩子。

二是根据贺知章与唐玄宗之间的关系进行推断。贺知章为玄宗所知遇，在长安为官数十年，经常受到皇帝的赏赐，这赏赐中很可能包含妾侍。这在中国古代历史上是非常常见的。

三是根据高龄人生活不能自理进行推断。毛泽东还以齐白石进行类比，认为一个八九十岁高龄的人，没有亲属共处，是不可想象的。

四是根据贺知章的性情进行推断。毛泽东说他是一个胸襟洒脱的人，而不是一个清教徒式的人物，离家之后没有眷属相伴的可能性很低。

五是根据历史文献进行推断。毛泽东翻阅古代典籍，指出整个唐代乃至整个中国历史上都没有官吏禁带眷属这样的记载，并在信尾附言，予以佐证。

从以上论证中，基本可以看出毛泽东的观点才是正确的。但他没有把自己的意见强加于人，而是在信末写道："请你再考一考，可能你是对的，我的想法不对。"

这桩笔墨"官司"，看似是关于诗歌考证的小事，但是从中却可以窥见毛泽东对待一些不清楚的问题刨根究底、一丝不苟的严谨态度，以及党内领导同志之间民主平等的氛围。同时，我们也能够感受到毛泽东对古典诗歌所抱有的极大热情与兴趣。

● 贺知章"是一个胸襟洒脱的人"

在现有资料中，我们并没有看到毛泽东对于贺知章单独的、直接的评价。但是在毛泽东写给刘少奇的这封信中，却透露出了毛泽东对于贺知章其人的看法，他写道：

> 他是诗人，又是书家（他的草书《孝经》，至今犹存）。他是一个胸襟洒脱的人，不是一个清教徒式的人物。

短短两句话,毛泽东首先提到了贺知章不太为人所知的一面,即他除了是一名诗人外,还是一名书法家。贺知章确实写得一手好书法,他尤擅草隶,只不过他的书法多为诗名所掩。晚唐诗人温庭筠曾这样评价贺知章的书法:"知章草书,笔力遒健,风尚高远。"宋代施宿《会稽志》中记载,贺知章经常和张旭"游于人间",凡遇厅馆的好墙壁或屏障,就"忘机兴发",笔落成行,所写书法"如虫豸飞走"。喜欢他们书法的人成群结队,"具笔砚从之"。贺张二人对索要书法的人,"不复拒",在每张纸上只书写十多个字,人们"世传以为宝"。贺知章的草书不拘一格,甚为狂怪。他的草书就像他的性格,狂放不羁,潇洒率真,令人叹为观止。

毛泽东又说,贺知章"是一个胸襟洒脱的人",此句可谓知己。贺知章晚年自号"四明狂客",一个"狂"字,正印证了他的胸襟洒脱。贺知章生性旷达豪放,善谈笑,好饮酒,风流潇洒为时人所倾慕。他常与李白、李适之、李琎、崔宗之、苏晋、张旭、焦遂饮酒赋诗,时谓"醉八仙"。杜甫为此创作过一首著名的《饮中八仙歌》,诗中排名第一的就是贺知章,诗里写道:"知章骑马似乘船,眼花落井水底眠。"说的是贺知章喝醉酒后,骑马的姿态就像乘船那样摇来晃去,醉眼蒙眬、眼花缭乱中,跌进井里竟能在井里熟睡不醒。贺知章的放荡不羁,令其与性情相投的李白一见如故,二人成为忘年交,李白"谪仙人"之美誉就因他而得。得知贺知章去世,李白曾作《对酒忆贺监二首》表达自己的悲痛之情：

其一
四明有狂客，风流贺季真。
长安一相见，呼我谪仙人。
昔好杯中物，翻为松下尘。
金龟换酒处，却忆泪沾巾。

其二
狂客归四明，山阴道士迎。
敕赐镜湖水，为君台沼荣。
人亡余故宅，空有荷花生。
念此杳如梦，凄然伤我情。

这两首诗都以"四明狂客"为起首，可见李白对贺知章"狂客"身份的认可。

一首《回乡偶书》走进过毛泽东的日常生活，也引发过毛泽东的考证之趣，更引出了毛泽东对贺知章其人的评价。贺知章身上"真名士自风流"的气度和品性，在某种意义上不正与毛泽东的旷达、洒脱相契合吗？

少小离家老大回,乡音无改鬓毛衰。儿童相见不相识,笑问客从何处来。

毛泽东手书贺知章《回乡偶书》

"空前绝后的不朽艺术家"
——毛泽东与李白

书法赏析

此草书长卷,笔法酣畅,气魄雄伟,充分展现出了诗歌原本狂放不羁的情愫。两句"君不见"似九曲黄河直下,牵丝萦带,婉转流淌;"杯莫停"中的"停"字与"与君歌一曲"中的"歌"字,信笔而为,相映成趣,彰显书者洒脱襟怀。末句"呼儿将出换美酒,与尔同销万古愁"挥洒纵横,枯笔作结,尤见功力。

诗人诗词

将进酒

君不见黄河之水天上来,奔流到海不复回。

君不见高堂明镜悲白发,朝如青丝暮成雪。

人生得意须尽欢,莫使金尊(樽)空对月。

天生我材必有用,千金散尽还复来。

烹羊宰牛且为乐,但(会)须日(一)饮三百杯。

岑夫子，丹丘生，将进酒，杯莫停。

　　与君歌一曲，请君为我倾耳听。

　　钟鼓馔玉不足贵，但须（愿）长醉不复醒。

　　古来圣贤皆寂莫（寞），惟有饮者留其名。

　　陈王昔时宴平乐，斗酒十千姿（恣）欢乐（谑）。

　　主人何为言少钱，直（径）须沽酒（取）对君酌。

五花马、千金裘，呼儿将出换美酒，与（你）尔同销万古愁。

　　这首《将进酒》是唐代诗人李白的作品。李白（701—762），字太白，号青莲居士。先世于隋末迁居西域，李白诞生于唐时安西都护府的碎叶城（今吉尔吉斯斯坦境内）。5岁随父迁居绵州彰明县（今四川江油县）青莲乡，因号"青莲居士"。少时便吟诗作赋，展露才华。25岁时仗剑去国，离川远游，诗名远播。天宝元年（742），为道士吴筠推荐，应诏入长安，供奉翰林。因秉性刚直，遭权贵馋毁，天宝三年（744）被"赐金还山"，开启第二次漫游生活，此间留下大量诗篇。安史之乱爆发后，参加永王李璘幕府，因李璘谋反兵败，被流放夜郎。途中遇赦，得以东归。晚年漂泊困苦，卒于族叔当涂县令李阳冰家，终年62岁。

　　李白是中国古代文学史上杰出的伟大诗人，有"谪仙人""诗仙"之美誉。自身的天赋加之生活的磨砺，让他创作出大量流传千古的不朽诗篇。他的诗歌突出展现了盛唐的宏大气象，充满浪漫的想象，瑰丽的语言，浓烈的情感，开阔的襟怀，对后世诗歌发展产生了深远影响。其存诗900余首，辑入《李太白集》。

《将进酒》是李白沿用古乐府诗题创作的一首诗歌。毛泽东凭借记忆手书了这首诗，与原文只有个别字的出入。这首诗中，诗人借豪饮高歌，一方面表现了人生苦短当及时行乐的思想，一方面又展现了"天生我材必有用"的高度自信与积极追求。整首诗通过夸张的想象、豪迈的语言，凸显了李白旷达的个性和不羁的情怀，读起来酣畅淋漓。毛泽东曾在一本《注释唐诗三百首》中的这首诗标题前画了一个大圈，在标题后连画三个小圈，并在天头上批注"好诗"二字。

伟人情思

在中国古代众多的诗人中，可以说，毛泽东最喜欢的便是李白。他不仅对李白诗词进行了大量圈画，其诗词风格也深受李白影响。关于李白诗词，毛泽东创造了"三个最"：手书最多、评价最高、引用最频。

● **手书最多：信笔挥就太白诗**

　　毛泽东手书的古诗词中，数量最多的就是李白诗词，至少有16首。包括：《梁甫吟》《将进酒》《忆秦娥》《古风五十九首》（其三）《与史郎中钦听黄鹤楼上吹笛》《梦游天姥吟留别》《赠汪伦》《黄鹤楼送孟浩然之广陵》《庐山谣寄卢侍御虚舟》《宣州谢朓楼饯别校书叔云》《登金陵凤凰台》《送储邕之武昌》《夜泊牛渚怀古》《早发白帝城》《清平调三首》《越中览古》等。其中很多诗词，还多次书写。对于像《庐山谣寄卢侍御虚舟》《梦游天姥吟留别》这样的长篇作品，毛泽东在默写过程中基本很少出现错误，足见其对于李白诗词的熟悉。

　　而对《庐山谣寄卢侍御虚舟》一诗，毛泽东似乎尤其偏爱。他曾经两次在庐山上书写其中的诗句。这首诗全诗为：

我本楚狂人，凤歌笑孔丘。
手持绿玉杖，朝别黄鹤楼。
五岳寻仙不辞远，一生好入名山游。
庐山秀出南斗傍，屏风九叠云锦张。
影落明湖青黛光，金阙前开二峰长，银河倒挂三石梁。
香炉瀑布遥相望，回崖沓嶂凌苍苍。
翠影红霞映朝日，鸟飞不到吴天长。

> 登高壮观天地间，大江茫茫去不还。
> 黄云万里动风色，白波九道流雪山。
> 　　好为庐山谣，兴因庐山发。
> 闲窥石镜清我心，谢公行处苍苔没。
> 早服还丹无世情，琴心三叠道初成。
> 遥见仙人彩云里，手把芙蓉朝玉京。
> 先期汗漫九垓上，愿接卢敖游太清。

这首诗作于唐肃宗上元元年（760），此时李白正在遇赦归来的路上。他重游庐山，作此诗寄卢虚舟。卢虚舟，唐肃宗时任殿中侍御史，曾与李白同游庐山。这首诗先描述了诗人行踪，后写庐山美景，末写政治理想幻灭后寄情山水的理想。全诗精妙地描绘了庐山的雄奇秀美，诗风豪放飘逸，颇具仙气。毛泽东曾在"我本楚狂人，凤歌笑孔丘"这句旁画过着重线。

毛泽东最喜爱的是其中描写庐山之景的四句："登高壮观天地间，大江茫茫去不还。黄云万里动风色，白波九道流雪山。"这四句诗描写了登庐山之所见：大江东去，山水苍茫，黄云万里，白浪如雪，壮美之景令人喟叹。

毛泽东曾两次手书这四句诗赠人。

第一次是赠予他的儿媳刘松林。在长子毛岸英牺牲后，毛泽东

对儿媳刘松林的身心状况一直十分关心。1959年8月6日,正在参加庐山会议的毛泽东得知刘松林生病,去信一封,写道:

娃:

你身体是不是好些了?妹妹考了学校没有?我还算好,比在北京时好些。登高壮观天地间,大江茫茫去不还。黄云万里动风色,白波九道流雪山。这是李白的几句诗。你愁闷时可以看点古典文学,可起消愁破闷的作用。久不见甚念。

爸爸

毛泽东在信中用李白的这四句诗劝慰刘松林,希望能借此开阔刘松林的心境,起到"消愁破闷"的作用。

第二次是赠予中央诸常委。1961年8月23日至9月16日,党中央在庐山开会。这次毛泽东用他擅长的草书书写了这四句诗,并在诗后题写:

李白庐山谣一诗中的几句。
登庐山、望长江,书此以赠庐山常委诸同志。

毛泽东虽没有说明其书写这四句诗赠予中央常委的目的,但与

1959年其写给刘松林的信联系起来可以推测，毛泽东也许想要用这四句诗中蕴含的开阔心境感染其他同志。

毛泽东不仅经常手书李白诗词，还对李白诗词进行过大量圈画。现有材料显示，经他圈画过的李白诗词至少有80首，排在毛泽东圈画同一诗人诗词数量的前列。这些经过毛泽东反复圈画的诗歌有很多也是他手书过的作品，如《将进酒》《梁甫吟》《梦游天姥吟留别》《宣州谢朓楼饯别校书叔云》《庐山谣寄卢侍御虚舟》《赠汪伦》《黄鹤楼送孟浩然之广陵》《清平调三首》等。

毛泽东曾在《梦游天姥吟留别》的结尾"安能摧眉折腰事权贵，使我不得开心颜"两句旁，画了着重线；在《梁甫吟》的"君不见高阳酒徒起草中""指挥楚汉如旋蓬"两句旁，用红笔画了着重线，在函套上画着读过两遍的大圈；在《宣州谢朓楼饯别校书叔云》的"弃我去者，昨日之日不可留；乱我心者，今日之日多烦忧。长风万里送秋雁，对此可以酣高楼""抽刀断水水更流，举杯消愁愁更愁"等诗句旁，也画了着重线。他还在许多诗歌的标题前画圈，以示重视。

● 评价最高：空前绝后谪仙人

李白是毛泽东评价最高的古代诗人，他曾用"空前绝后"来形容李白。

1949年12月,毛泽东在出访苏联途中,与苏联汉学家费德林纵论中国文学。当时,他对李白有一段这样的评价:

> 他像天才诗人普希金对俄国人民的贡献那样,为中国人民写了许多珍贵的艺术诗篇。李白的诗是登峰造极的,他是空前绝后的不朽艺术家。中国至今没有人能超过李白、杜甫的诗才。

毛泽东在这段评价中,用苏联人熟悉的天才诗人普希金与李白类比,高度评价他在中国文学史上的地位。他形容李白的诗歌"登峰造极",李白其人"空前绝后",并说从诗才上而言至今无人超越"诗仙"李白与"诗圣"杜甫。从这段评论中,我们可以清晰地看出毛泽东对李白其人其诗的赞赏。类似的形容,从未出现在其他文学家身上。

如果说毛泽东对费德林所言,是对李白其人其诗的整体评价,那么毛泽东对其子女所言,则为这一整体评价给出了详细解释。毛泽东曾对其子女说:"李白的诗豪放,想象力丰富,读了使人心旷神怡。""李白的诗,文采奇异,气势磅礴,有脱俗之气。"这些评论,准确客观地指出了李白诗歌的鲜明特点。

毛泽东从不吝表达自己对于李白的喜爱。据记载,毛泽东在与何其芳、严文井等人谈论文艺工作时,有人问道:主席喜欢中国古典诗歌,您是喜爱李白,还是杜甫?毛泽东回答:我喜欢李白。毛泽东之所以喜欢李白,可能与李白诗歌中传递出的浪漫主义情怀、个性解放的价值取向、积极乐观的人生态度、傲视权贵的批判精神等相关。这些都与毛泽东本人性格以及其诗词创作风格相似。

毛泽东也将这份对李白的喜欢表现在了他自己的诗词创作当中。他十分善于化用李白诗词中的意象和语言。

在意象方面,毛泽东经常使用李白诗词中曾出现过的意象。比如"鲲鹏"。"鲲鹏"最早出自《庄子·逍遥游》,毛泽东与李白都喜欢使用这一意象。李白在《上李邕》中写道:"大鹏一日同风起,扶摇直上九万里。"毛泽东在《送纵宇一郎东行》中写道:"君行吾为发浩歌,鲲鹏击浪从兹始。"毛泽东在这里对鲲鹏意象的使用,明显借鉴了李白诗句中的思想意涵。又如对神话仙人的使用,毛泽东借鉴过李白诗词。《七律·答友人》中的"帝子乘风下翠微""红霞万朵百重衣"就与李白《梦游天姥吟留别》中的"霓为衣兮风为马,云之君兮纷纷而来下"有异曲同工之妙。

在语言方面,毛泽东善于将李白诗词为我所用。如《贺新郎·别友》中的"挥手从兹去",化用自李白《送友人》中的"挥手自兹去";《水调歌头·重上井冈山》中的"可上九天揽月",化用自李白的《宣州谢朓楼饯别校书叔云》中的"俱怀逸兴壮思飞,欲上青天揽明月";《水调歌头·游泳》中的"截断巫山云雨",化用自李白《清平调》(其二）中的"云雨巫山枉断肠";《七律·答友人》中的"我欲因之梦寥廓",化用自李白《梦游天姥吟留别》中的"我欲因之梦吴越"。

当然,毛泽东对李白诗词也不是盲目地一味称赞。他也指出过李白诗词的缺点,他曾说:"李白有道士气"。在这里,毛泽东是站在马克思主义思想家的角度去评论封建时代的古代诗人诗歌。从这一角度而言,李白诗词确实受到时代的很多局限,尤其是其对修仙得道抱有幻想。

对自己极其推崇的古代文人,毛泽东尚且可以客观待之。由此也可见,毛泽东作为坚定的马克思主义者,总是能够实事求是、辩证唯物地看待事物。

● 引用最频:随手拈来李太白

也许是因为对李白诗歌的烂熟于心,毛泽东对李白诗词的引用,往往是在日常生活中信手拈来。关于这一点,有几件小事可以佐证。

第一件,是青年毛泽东曾为李白诗词作画一幅。毛泽东在湖南省立第一师范读书时,最不喜欢上的就是静物写生这门课。1936年10月,毛泽东曾对美国记者斯诺谈起过这段经历,他说:"我最讨厌的是静物写生这门必修课,认为它是极端无聊的。我总是想出最简单的东西来画,草草画完就离开课室。"为了完成任务,毛泽东画了什么呢？他画了一条直线，上面加了个半圈。这是什么意思呢？毛泽东向斯诺解释道，这是要"表现'半壁见海日'的画意"。"半壁见海日"就是李白《梦游天姥吟留别》中的诗句，描写的是诗人梦中于天姥山所见海上日出之壮丽景色。这件事，毛泽东不止一次谈起过。1945年10月2日，重庆谈判期间，毛泽东在与画家尹瘦石等人谈话时，又谈到这件事，他说："我对美术研究甚少。记得小时候，最不耐烦的是图画，在纸上画一条横线，一条弧线就交卷。先生问我画的是什么，我说这是李太白诗意：'半壁见海日'。"这幅有意思的"交差"之作，如果用现代画派的划分方法来看，似乎也可以说是抽象一派呢。毛泽东借"最喜欢的"李白诗词完成"最不喜欢的"绘画作业，虽然对画作来说是"应付"，但从中依然可见他对李白诗词含义领会之深，当然，也可以看出青年毛泽东的聪慧。其实，不爱画画的毛泽东，也画得一手好画。现存的毛泽东早年静物写生画作中，就有一幅橘子图、一幅佛手图，都是惟妙惟肖的。

第二件，是长征期间毛泽东曾趣改李白诗词为朱德饯行。1935年1月，长征途中的红军遭遇了一场异常激烈的战斗，这场战斗在贵州土城打响。红军在战斗中损失惨重，战场形势极其不利。在此情境下，朱德决定亲临前线进行指挥。毛泽东得知后，一方面极其担忧朱德的安危，另一方面又不得不接受这样的决定。作为朱德的亲密战友与伙伴，毛泽东极其不舍，集合战士们为朱德饯行。他带头喊口号：欢送朱总司令上前线！朱德见此情景，十分激动，一再说不必兴师动众。毛泽东则答：理应如此。桃花潭水深千尺，不及你我手足情嘛。毛泽东在这里吟诵的"桃花潭水深千尺，不及你我手足情"化用的就是李白《赠汪伦》中的"桃花潭水深千尺，不及汪伦送我情"。李白诗歌是"汪伦送我"，在毛泽东这里则是"我送汪伦"。他巧妙地将诗句末尾改为"你我手足情"，表达了与朱德之间的深厚情谊，也通过这样诙谐轻松的形式，化解了送别的伤感，鼓舞了战士的士气。

第三件，是抗日战争时期毛泽东在延安与文艺工作者用李白诗词联句对饮。1942年9月的一天，毛泽东在枣园宴请文艺工作者，大家相谈甚欢，久久不愿散去。毛泽东在给诗人柯仲平和作家舒群斟酒时，说道：喝吧，老柯、大舒，酒逢知己千杯少。柯仲平听后随即接道：话不投机半句多。毛泽东紧接着又说：兰陵美酒郁金香，玉碗盛来琥珀光……还未说完，柯仲平立刻又接上：但使主人能醉客，不知何处是他乡。毛泽东听后，不禁感慨道：老柯，你带个剧团，常年奔波"他乡"，辛苦了。这是慰劳酒！"兰陵美酒郁金香，玉碗盛来琥珀光。但使主人能醉客，不知何处是他乡"出自李白《客中作》一诗。毛泽东本欲借用此诗表达他对文艺工作者的关心与爱护，却不承想因为诗人柯仲平的"抢白"，实现了用李白诗歌与文艺工作者的联句对饮。从这一巧合，便不难看出为何毛泽东与广大文艺工作者会在文学上惺惺相惜了。

关于毛泽东引用李白诗词的趣事，不胜枚举。比如长征途中，毛泽东因战事紧张顾不得理发，当有同志动员他去理发时，他幽默地说：不打一个漂亮仗，就是白发三千丈，我也不理了。这里的"白发三千丈"就出自李白的《秋浦歌》，其下句为"缘愁似个长"，毛泽东在这里用诗句幽默地表达了自己对战事的担忧。又如新中国成立后，毛泽东在京接待韶山亲人毛仙梅，毛仙梅想念家乡，毛泽东知道后便说："锦城虽云乐，不如早还家。"看来十爷是真想家了！"锦城虽云乐，不如早还家"便出自李白的《蜀道难》，毛泽东引用这句诗，表达了他对亲友思乡的充分理解。

从以上列举的这些小故事来看，毛泽东对李白诗词的引用，很多都是随性而吟，这种随意与自然，也恰与李白本人性格和诗风相合。

如果说李白是毛泽东眼中"空前绝后"的不朽艺术家，那热爱李白诗词的毛泽东，也在他的影响下，撰写出一首又一首不朽诗篇。毛泽东拓宽了古代诗词的创作领域、创作方式，使得诗词以更加多样的形态展现在人们面前，让传统诗词的魅力在中国革命和建设的历史进程中得以重新绽放。

"一分为二为宜"
——毛泽东与韩愈

书法赏析

此卷墨迹,呈现出了由厚重转为舒朗的变化。首句"荆山已去"四字笔力凝重,后续越发自然随性、明快灵动,似与诗歌中展现的愉悦心情相合。末句中的"回"字打破传统书法格式,落于"蔡"字之旁,活泼有趣,为书法破格。

诗人诗词

次潼关先寄张十二阁老使君

荆山已去华山来,日照(出)潼关四扇开。

刺史莫辞迎候远,相公新破蔡州回。

这首诗是唐代文学家韩愈的《次潼关先寄张十二阁老使君》。韩愈(768—824),字退之,河南河阳(今河南孟州市)人。祖籍河北昌黎,故世称韩昌黎。韩愈3岁失父,由兄嫂抚养长大。自幼发愤苦读，但时运不济，四次科举才中进士，历任汴州观察推官、四门博士、监察御史等职。元和十二年（817），出任宰相裴度的行军司马，参与讨平"淮西之乱"。后因谏迎佛骨一事被贬至潮州，晚年官至吏部侍郎，57岁病逝，谥号"文"，故称"韩文公"。

韩愈是唐代古文运动的领导者，他反对六朝骈俪的文风，主张文以载道，务去陈言，苏轼赞其"文起八代之衰"。韩愈诗风雄奇，主张以文入诗，开创了独树一帜的韩孟诗派。毛泽东手书的这首《次潼关先寄张十二阁老使君》就属于此类诗歌。

这首诗作于唐宪宗元和十二年（817）淮西大捷凯旋途中，当时韩愈以行军司马身份随军。全诗洋溢着胜利的喜悦，节奏明快，语意爽直。前两句借山去山来、城门大开写归来之路的顺遂舒畅，后两句抛开客套家常，亲切自然地写出需要地方官迎接犒劳，生动地展现了得胜归来的主人翁情态。

伟人情思

作为唐宋八大家之首的韩愈，其散文创作和诗歌创作，历来为人所称道。对于这样的看法，毛泽东是否赞成呢？他自己对于韩愈诗文又有怎样独到的见解？

● 青年时代,以韩为师

青年时代的毛泽东,曾一度以韩愈为师。只是这个老师的到来颇有"戏剧性",其伴随着毛泽东对韩愈看法的一次"被迫"转变。

年少的毛泽东曾经颇为欣赏并擅长康有为和梁启超的"康梁"文体。这种文体形式,既有古文思想的深邃,又有白话文的明白晓畅,其情感表达更为直接,因而容易引起毛泽东的共鸣。在东山小学和湖南省立高等中学读书时,毛泽东以这种文体形式写就的文章,曾得到过很高的评价,老师称赞其"寰观气宇,似黄河之水,一泻千里""落墨大方,恰似报笔""逆折而入,笔力挺拔"。

然而,到了湖南省立第一师范学校之后,毛泽东的这种文风却没有得到赏识。1936年毛泽东在延安接见美国记者斯诺时,曾回忆起这段经历:

> 学校里有一个国文老师,学生给他起了个"袁大胡子"的外号。他嘲笑我的文章,说它是新闻记者的手笔。他看不起我视为楷模的梁启超,认为他是一个半通不通的人。我不得不改变我的文风,去钻研韩愈的文章,学会了古文的措词。

被称为"袁大胡子"的老师,是毛泽东的国文教师袁仲谦。举人出身的他，不喜欢这种文白夹杂的文风，推崇"唐宋八大家"之首韩愈的文章。正因如此，毛泽东开始钻研以韩愈为代表的古典文学。

毛泽东去旧书店购买了一部旧的《韩昌黎诗文全集》，又到图书馆借了一部善本韩集，逐字逐句地校对订正，刻苦钻研、识记背诵。据毛泽东在湖南一师的同学周世钊回忆：毛泽东读韩集时，不但注意其文字技巧，更注意其思想内容。凡是他认为道理对、文字好的地方，就圈圈点点，写上"此论颇精""此言甚合吾意"等眉批；认为道理不对、文字不好的地方，就画上杠，写上"不通""此说非是"等眉批。他不因为这是"文起八代之衰"的古文大师韩愈的文章，就不问青红皂白地一概加以接受，而是要在同一个人的作品中认真深入地分辨出它的是非优劣，以期达到吸取精华、吐弃糟粕的目的。现存的毛泽东在长沙求学期间的笔记《讲堂录》可以印证周世钊所言非虚。这里面依然保留着大量毛泽东对于韩愈文章如《猫相乳》《谏臣论》《元和圣德诗》《浑州溪堂诗并序》《改葬服议》等的摘抄和注解。

正是在这一师法韩愈的苦学过程中，毛泽东逐渐提升着自己的古诗文写作能力，也逐渐领悟到古典文学的重要性。他曾在一封信中写道："盖文学为百学之源，吾前言诗赋无用，实失言也。"其实，从毛泽东青年时代写给亲友的书信中，便可以看出其所受韩愈之影响，这些书信大都气势雄伟、情感炽烈、义理跌宕，很有韩愈笔意。后来，毛泽东回忆起这段师韩的岁月，是充满感激的。他曾说，多亏"袁大胡子"，今天我如果需要的话，仍然能够写出一篇过得去的古文。1952年，毛泽东还为已经逝世二十年的袁仲谦撰写了墓碑，表达了他对恩师的感激和怀念。

青年时代因师法韩愈而养成的爱读韩文的习惯，伴随了毛泽东一生。晚年的他曾专门指示工作人员，将"《韩昌黎全集》找来一阅"。在指示有关同志注释和印制的大字本中，韩愈的《石鼓歌》赫然在列。据不完全统计，他圈阅的韩诗至少有12首，手书过的至少有3首。毛泽东不仅熟读韩愈的诗文，对于韩愈文集的编撰和流传情况也非常了解，他曾在《新唐书·李汉传》中批注道：

李汉，道玄六世孙。韩愈文集，为李汉编辑得全，欧阳修得之于随县，引以流传，厥功伟哉。

从"迫不得已"的以韩为师到受益匪浅的古诗文写作，毛泽东与韩愈的"相知"多了些历史的巧合。也正是这些巧合让毛泽东比普通人多了些对韩愈诗文的熟悉和理解，也衍生出一些对于韩愈诗文不一样的看法。

● 化用诗文，活学活用

熟悉韩愈的毛泽东在实践中实现了对其文学作品的活学活用，这突出表现在其文章讲话和诗词创作中。

首先，毛泽东经常在自己的政论文章和讲话中引用韩愈诗文，借此说明道理。这里试举几例说明。

引用"人不通古今，马牛而襟裾"。1939年5月20日，毛泽东在延安在职干部教育动员大会的讲话中说：

> 讲到学习运动，古人讲过："人不通古今，马牛而襟裾"，就是说：人不知道古今，等于牛马穿了衣裳一样……延安的人要通古今，全国的人要通古今，全世界的人也要通古今，尤其是我们共产党员，要知道更多的古今。通古今就要学习，不但我们要学习，后人也要学习，所以学习运动也有它的普遍性和永久性。

"人不通古今，马牛而襟裾"，出自韩愈的《符读书城南》。这是韩愈在城南住处教诲儿子韩符认真读书的一首诗。毛泽东引用此句，教育广大党员干部要通古今、多学习。

引用"不塞不流，不止不行"。1940年1月，毛泽东在《新民主主义论》中阐述了要树立新民主主义文化，必须彻底打倒帝国主

义文化和半封建文化的思想:

> 帝国主义文化和半封建文化是非常亲热的两兄弟,它们结成文化上的反动同盟,反对中国的新文化。这类反动文化是替帝国主义和封建阶级服务的,是应该被打倒的东西。不把这种东西打倒,什么新文化都是建立不起来的。不破不立,不塞不流,不止不行,它们之间的斗争是生死斗争。

"不塞不流,不止不行"出自韩愈的《原道》。《原道》是韩愈复古崇儒、攘斥佛老的代表作。"原道",即探求道之本。韩愈认为道的本源是儒家的"仁义道德",他以继承道统、恢复儒道为己任而排斥"佛老"。毛泽东借此表达,新旧两种文化之间,不破除旧的、坏的东西,新的、好的东西就建立不起来。

引用《祭鳄鱼文》。韩愈曾写过一篇《祭鳄鱼文》。文中写道,因鳄鱼危害民众,韩愈以"鳄鱼有知",宣布了驱逐鳄鱼的命令:给它三天时间南迁大海。三天办不到,就放宽到五天;五天办不到,就放宽到七天;七天还办不到,就表明是不肯迁徙。那么,"冥顽不灵而为民物害者,皆可杀"。

毛泽东曾经两次引用这篇文章的观点。一次是在1939年5月20日的延安在职干部教育动员大会上,毛泽东针对一些干部文化基础差、学习受挫的问题，教授他们持之以恒，从侧面入手一点一点搞通正面的东西：

> 过去韩文公《祭鳄鱼文》里，有一段是说限它三天走去，三天不走，五天，七天再不走，那就不客气，一刀杀掉。我们要像韩文公祭鳄鱼一样，十天不通，二十天，三十天，九十天……非把这东西搞通不止，这样下去，一定可以把看不懂的东西变成看得懂的。

另一次是新中国成立以后。为了纠正"大跃进"和人民公社化运动中产生的"共产风"、浮夸风、强迫命令风、干部特殊化风和生产瞎指挥风的"五风"，毛泽东在1961年6月20日的中共中央工作会议上，对此提出了批评，他说：

> 现在干部中有一些人似乎摸到了一点"规律"，以为整"五风"大概整个年把时间，"风"就过去了，就没事了。我们可不能这样搞。我们要学韩文公在《祭鳄鱼文》中所说的办法，"三日不能，至五日。五日不能，至七日。七日不能，是终不肯徙也"，我就打它、杀它。我们也来个三年不行至五年，五年不行至七年，七年不行至十年，十年还不行，是终不肯改也，那我们就要撤职、查办。

事实上，毛泽东在文章中引用韩愈诗文的例子还有很多。比如，在《中国共产党在抗日时期的历史任务》一文中，毛泽东提到要"反对文恬武嬉饱食终日的亡国现象"，"文恬武嬉"出自韩愈《平淮西碑》中的"相臣将臣，文恬武嬉"；在《反对党八股》中，毛泽东写道："如果一篇文章，一个演说，颠来倒去，总是那几个名词，一套'学生腔'，没有一点生动活泼的语言，这岂不是语言无味，面目可憎，像个瘪三吗？"这里，化用了韩愈《送穷文》中的："凡所以使吾面目可憎、语言无味者，皆子之志也。"1956年毛泽东在同民建和工商联负责人谈话时，还特别提到过"韩愈有一篇文章叫《送穷文》，我们要写送穷文"，表达了他希望新中国快速走向富强的愿望。

其次，毛泽东还经常在诗词创作中化用韩愈诗文，翻出新意。

毛泽东曾写给妻子杨开慧一首《贺新郎·别友》，这首词结尾四句为："要似昆仑崩绝壁，又恰像台风扫寰宇。重比翼，和云翥。"而在初稿中这四句为："我自欲为江海客，更不为昵昵儿女语。山欲坠，云横翥。"其中的"昵昵儿女语"，便出自韩愈的《听颖师弹琴》：

> 昵昵儿女语，恩怨相尔汝。
> 划然变轩昂，勇士赴敌场。
> 浮云柳絮无根蒂，天地阔远随飞扬。
> 喧啾百鸟群，忽见孤凤凰。

> 跻攀分寸不可上，失势一落千丈强。
> 嗟余有两耳，未省听丝篁。
> 自闻颖师弹，起坐在一旁。
> 推手遽止之，湿衣泪滂滂。
> 颖乎尔诚能，无以冰炭置我肠！

《听颖师弹琴》主要描写的是诗人听颖师弹琴的感受。诗歌从演奏开始起笔，到琴声终止完篇。其中的"昵昵儿女语"是形容琴声好似年轻恋人间的低语。毛泽东在此引申其意，化旧为新，表达的是革命者不沉湎于儿女情长的伟大志向。

毛泽东还有一首写给郭沫若的《满江红·和郭沫若同志》：

> 小小寰球，有几个苍蝇碰壁。嗡嗡叫，几声凄厉，几声抽泣。蚂蚁缘槐夸大国，蚍蜉撼树谈何易。正西风落叶下长安，飞鸣镝。
>
> 多少事，从来急；天地转，光阴迫。一万年太久，只争朝夕。四海翻腾云水怒，五洲震荡风雷激。要扫除一切害人虫，全无敌。

这是毛泽东为1963年1月1日《光明日报》发表的郭沫若词《满江红》而写的和词。这首词创作之时，中苏两党正处于论战中，苏共组织力量对中共进行围攻，毛泽东借此词进行反驳，批判霸权主

毛泽东手书韩愈《次潼关先寄张十二阁老使君》

义和强权政治，同时也表达了革命必胜的坚定信念。其中"蚍蜉撼树谈何易"便出自韩愈的《调张籍》一诗，这首诗前四句为：

> 李杜文章在，光焰万丈长。
> 不知群儿愚，那用故谤伤。
> 蚍蜉撼大树，可笑不自量。
> 伊我生其后，举颈遥相望。

《调张籍》一诗热情赞颂了盛唐诗人李白和杜甫的诗文，表现出韩愈对他们的倾慕之情。他用"蚍蜉撼大树，可笑不自量"嘲笑那些瞧不起李白、杜甫诗文之人，而毛泽东在此将其转化为"蚍蜉撼树谈何易"，更添了气势与自信。

● 一分为二，客观评价

也许正是由于青年时代对韩愈作品的刻苦学习，毛泽东才能够在此基础上进行反思与质疑，突破前人固有的看法，提出评判韩愈作品要"一分为二为宜"。

20世纪70年代的一段时间内，一些报刊曾一度把韩愈说得一无是处。1975年8月，复旦大学教授刘大杰为修改自己的著作《中国文学发展史》，就韩愈评价问题写信征求毛泽东的意见，信中说：韩愈以道统自居，鼓吹天命，固然要严加批判。但细读韩集，其思想中确存在着矛盾。其诸多作品，如赞扬管仲、商鞅之功业等，都与儒家思想不合，而倾向于法家。再加以他的散文技巧，语法合于规范，文字通畅流利，为柳宗元、刘禹锡所推许。关于这些，如果全部加以否定，似非所宜。毛泽东在1976年2月12日，给刘大杰的回信中写道：

> 我同意你对韩愈的意见，一分为二为宜。

"一分为二为宜"，正是毛泽东对于韩愈的看法。

一方面，毛泽东肯定韩愈一些作品中的进步思想。1956年12月7日，毛泽东在同工商联负责人谈话时，曾说过"韩愈很会写文章"。他还曾评价：韩愈的诗文有点儿奇。韩愈的古文对后世很有影响，写文学史不可轻视他。

另一方面，毛泽东又不赞成韩愈作品中的一些观点，并且打破了传统的认知，提出了自己的独特见解。这在评价历史人物伯夷时，体现得尤其突出。1949年8月，毛泽东在《别了，司徒雷登》一文中写道：

> 唐朝的韩愈写过《伯夷颂》，颂的是一个对自己国家的人民不负责任、开小差逃跑、又反对武王领导的当时的人民解放战争、颇有些"民主个人主义"思想的伯夷，那是颂错了。我们应当写闻一多颂，写朱自清颂，他们表现了我们民族的英雄气概。

伯夷以"不食周粟"自古为人所赞颂，认为其精神可嘉、气节可彰。韩愈作《伯夷颂》，赞颂的正是伯夷"不顾人之是非"的"特立独行"精神，认为他"信道笃而自知明"。但毛泽东却不认可此种观点，他没有抽象地讨论气节，而是从历史唯物主义的角度出发，认为伯夷是一个对自己国家的人民不负责任，开小差逃跑，又反对武王领导的当时的人民解放战争的人。在毛泽东看来，"我们应当写闻一多颂，写朱自清颂，他们表现了我们民族的英雄气概"。

毛泽东还曾明确说过韩愈文章"缺乏思想性"，并以《谏迎佛骨表》和《原道》为例。

1965年6月20日，还是在与复旦大学教授刘大杰谈话时，毛泽东说：唐朝韩愈文章还可以，但是缺乏思想性。那篇东西（指《谏迎佛骨表》）价值并不高，那些话大多是前人说过的，他只是从破除迷信的角度来批评佛教而没有从生产力方面来分析佛教的坏处。《原道》也是如此。

毛泽东一针见血地指出了韩愈作品中存在的问题，即一些篇章缺乏思想性。《谏迎佛骨表》是韩愈为劝谏唐宪宗不要迎佛骨入宫而写。韩愈出于维护儒家思想正统地位的目的，列举了历朝佞佛的皇帝"运祚不长""事佛求福，乃更得祸"。毛泽东这里所说的"思想性"，主要指从马克思主义基本原理的角度去认知事物，批评《谏迎佛骨表》没有从生产力方面深入分析佛教的坏处，因而不够深刻。

而对于《原道》一文，毛泽东不赞成的主要是韩愈的"道统"思想。苏轼在《潮州韩文公庙碑》中曾赞韩愈"文起八代之衰，而道济天下之溺"，说的就是韩愈以儒家道统自居，提倡古文运动，促使唐代文章复兴。而对于这一说法，毛泽东并不认同。

1975年6月，毛泽东在听北大讲师芦荻读《潮州韩文公庙碑》时，曾说过这样一段话：

> 魏晋南北朝时期是个思想解放的时代，道家、佛家各家的思想，都得到了发展。嵇康的《与山巨源绝交书》、阮籍的《大人先生传》很有名。玄学的主流是进步的，是魏晋思想解放的一个标志。正因为思想解放，才出了那么多杰出的思想家、作家。什么"道溺"！我送那时两个字，叫"道盛"！苏轼说那时期"文衰"了，这是不符合事实的。可以把那时的作品摆出来看一看，把《昭明文选》《全上古三代秦汉三国六朝文》拿出来看一看，是"文衰"还是"文昌"，一看就清楚了。我再送给那时两个字，叫"文昌"。

毛泽东不赞成苏轼对于韩愈的评价，认为在韩愈之前不是"文衰""道溺"，而是"文昌""道盛"。他以反道统的精神肯定了魏晋南北朝时期儒家道统思想被打破后出现的思想自由与解放的盛况。

毛泽东不仅对韩愈文章采取一分为二的态度，对于韩诗也是如此。1965年7月21日，他在给陈毅的一封信中，评论韩愈诗歌："韩愈以文为诗；有些人说他完全不知诗，则未免太过，如《山石》《衡岳》《八月十五酬张功曹》之类，还是可以的。"毛泽东对于韩愈诗文一分为二的评价，充分体现了他所坚持的对于中国传统文化要去粗取精、批判继承的态度。

"行成于思毁于随"是韩愈的名言。毛泽东从青年时代以韩愈为师，到在实践锻炼中逐渐形成自己的独立思考，这是革命者之思，也是"取之于韩，用之于韩"的生动体现。

"白诗高处在此,不在他处"
——毛泽东与白居易

书法赏析

此卷为毛泽东书法中的一幅著名长卷,全卷六百余字,书于红线竖格的"中国人民革命军事委员会"稿纸上,共八页,个别字句与原诗略有出入。全卷清秀俊爽,飘逸灵动,笔意随诗境起伏变幻。尤其是行笔至"同是天涯沦落人,相逢何必曾相识"这一全诗诗眼处,笔锋转换,笔力坚挺,传递出诗人悲天悯人之情。

诗人诗词

琵琶行

浔阳江头夜送客,枫景(叶)荻花秋瑟瑟。主人下马客在船,有(举)酒欲饮无管弦。醉不成欢惨将别,别时茫茫江浸月。

忽闻水上弦歌(琵琶)声,主人忘归客不发。寻声暗问弹者谁?琵琶声停欲语迟。移舟(船)相近邀相见,添酒回灯重开宴。千呼万唤始出来,犹抱琵琶半遮面。[转轴拨弦三两声,未成曲调先有情。

弦弦掩抑声声思,似诉平生不得志。低眉信手续续弹,说尽心中无限事。]轻拢慢捻抹复挑,初为《霓裳》后《六幺》。大弦嘈嘈如急雨,小弦切切如私语。嘈嘈切切错杂弹,大珠小珠落玉盘。间关莺语花底滑,幽咽泉流冰下难。水（冰）泉冷涩弦凝绝,凝绝不通声渐（暂）歇。别有幽愁暗恨生,此时无声胜有声。银瓶破裂（乍破）水浆迸,铁骑突出刀枪鸣。曲终收拨当心画,四弦一声如裂帛。东船西舫悄无言,唯见江心秋月白。

沉吟放拨插弦中,整顿衣裳起敛容。自言本是京城女,家在虾蟆陵下住。十三学得琵琶成,名属教坊第一部。曲罢曾教善才服,装（妆）成每被秋娘妒。五陵年少争缠头,一曲红绡不知数。钿头银篦击节碎,血风（色）罗裙翻酒污。今年欢笑复明年,秋月春风等闲度。弟走从军阿姨死,暮去朝来颜色故。门前冷落鞍马稀,老大嫁作商人妇。商人重利轻［别］离,前日（月）浮梁买茶去。去来江口守空船,绕船月明江水寒。夜深忽梦少年事,梦啼装（妆）泪红阑干。

我闻琵琶已叹息,又闻此语重唧唧。同是天涯沦落人,相逢何必曾相识！自（我）从去年离京城（辞帝京）,谪居卧病浔阳城。浔阳地僻无音乐,终岁不闻丝竹声。住近盆城（湓江）地低湿,黄芦苦竹绕宅生。其间旦暮闻何物？杜鹃啼血猿哀鸣。春江花朝秋月夜,往往取酒还独倾。岂无山歌与村笛？呦（呕）哑嘲（嘲）哳难为听。

今夜闻君琵琶语,如听仙乐耳渐(暂)明。不(莫)辞更坐弹一曲,为君翻作《琵琶行》。感我此言良久立,却坐促弦弦转急。凄凄不似向前声,满座重闻咸(皆)掩泣。座中泣下谁更(最)多?江州司马青衫湿。

　　这是唐代诗人白居易的《琵琶行》。白居易(772—846),字乐天,号香山居士,祖籍山西太原,生于河南新郑。少有诗名,担任过翰林学士、校书郎、左拾遗、江州司马、杭州刺史、苏州刺史、刑部尚书等职。晚年居河南洛阳,去世后葬于洛阳香山。

　　白居易是新乐府运动的积极倡导者和杰出代表,特别强调诗歌的社会作用,认为文学作品要干预社会、反映现实,主张"文章合为时而著,诗歌合为事而作",其诗歌通俗易懂,妇孺皆知。有《白氏长庆集》传世,收诗文三千八百多篇,数量之多在唐代诗人中首屈一指。

　　《琵琶行》是白居易的一首著名长篇叙事诗。唐宪宗元和十年(815),白居易被贬为江州(今江西九江)司马,这首诗正写于他贬官江州的第二年秋天。诗中描写了诗人遇到同为从长安漂泊到此地的琵琶女,听其用琵琶诉说自己的辛酸身世,引起诗人"同是天涯沦落人,相逢何必曾相识"的伤怀感慨。

伟人情思

1958年1月，毛泽东在南宁会议上曾说过一句有趣的话："杜甫、白居易哭哭啼啼，我不愿看"。于是便有人认为，毛泽东不喜欢杜甫和白居易。然而这句话真的全面地反映了毛泽东的读诗旨趣吗？其实不然。我们从毛泽东读书的实际情形中看到，他不仅愿意读白居易的诗并且记诵牢固。甚为有趣的是，这首白居易哭得最动情甚至泪湿青衫的《琵琶行》，毛泽东至少五次圈画并多次一气呵成挥毫书写。那么究竟毛泽东对白居易及其诗歌有着怎样的评价呢？

● 民主性："白诗高处在此，不在他处"

在白居易的所有诗篇中，毛泽东最喜欢而且评价最高的作品，莫过于《琵琶行》。

这篇"哭哭啼啼"的《琵琶行》曾一度让晚年毛泽东落泪。据毛泽东身边的工作人员张玉凤回忆：

> 一次，我给毛主席读白居易的《琵琶行》："浔阳江头夜送客，枫叶荻花秋瑟瑟……"读着读着，毛主席也跟着背诵起来。他一字一句地缓缓吟着，那声调，那韵致，入情入景，到后面几句，他竟

激动得泪如泉涌："满座重闻皆掩泣。座中泣下谁最多？江州司马青衫湿。"这时，我意识到，主席的思想和感情已经进入诗的意境中了。

在晚年毛泽东要求文化部为他录制的配乐古诗词磁带中也有《琵琶行》，所配的乐曲根据《春江花月夜》改编而成。

毛泽东究竟为何会被这首《琵琶行》打动？我们从他给出的关于《琵琶行》的评论中似乎可以窥见一二。

毛泽东曾在一本《注释唐诗三百首》的《琵琶行》标题上连画三个大圈，在"同是天涯沦落人，相逢何必曾相识"句旁一路密圈，在"大珠小珠落玉盘"句上批注"其声岂其声乎？"，并在整首诗的天头上，写下这样一段批语：

江州司马，青衫泪湿，同在天涯。作者与琵琶演奏者有平等心情。白诗高处在此，不在他处。其然岂其然乎？

另据毛岸青、邵华回忆毛泽东生前与他们谈论文学时的情景，毛泽东也曾对《琵琶行》有过类似的评论。他说：

白居易的《琵琶行》不但文采好，描写得逼真细腻，难得的是作家对琵琶演奏者的态度是平等的，白诗的高明处在于此而不在其他。

毛泽东在上述两次对于《琵琶行》的评论中，都提到了他所认为的白居易诗歌的"高处"，即在于与琵琶演奏者的"平等心情"，也就是一种平等的态度。白居易是社会上层的封建官吏，琵琶女是社会下层的穷苦百姓，二者之间地位悬殊，但白居易却能够以平等态度视之，同情琵琶女的遭遇，感慨"同是天涯沦落人，相逢何必曾相识"。毛泽东的这一评论超越了传统观念中《琵琶行》所抒发的"际遇之感"，而是将其主题进行了升华，提升到民主平等的思想高度来认知整首诗歌，从而抓住了白诗的真谛。

需要特别注意的是，毛泽东说的是"白诗"的高明之处，而不仅仅是《琵琶行》的高明之处。从这一点上可以看出，毛泽东对于白居易诗歌整体特点把握之精准。白居易的诗歌，大量抒写劳动人民心声，反映社会生活，抨击黑暗现实，可以说是中国古代的"人民诗人"。这是白居易作为封建时代的诗人难能可贵的思想情感，也正是他高于同时代文人之处。

正是由于这份对《琵琶行》的喜爱，毛泽东特别注意诗中的字句和地名。他曾对清代吴景旭的《历代诗话》中涉及《琵琶行》的一些字句疏解进行过圈画。如"枫叶荻花秋瑟瑟"一句，有人解释"瑟瑟"是形容秋天的萧瑟，《历代诗话》的"瑟瑟"一文说："杨升庵曰：枫叶红，荻花白，映秋色碧也。瑟瑟，珍宝名，其色碧，故以瑟瑟影指碧字。"作者列举对"瑟瑟"的各种注解：《博雅》，瑟瑟，碧珠也。《杜阳杂编》，有瑟瑟幕，其色轻明虚薄，无为与比。《唐语林》，卢昂有瑟瑟枕，宪宗估其价曰：至宝无价。《水经注》，水木明瑟。"毛泽东对此逐句加了圈点。又如"自言本是京城女，家在虾蟆陵下住"句中的"虾蟆陵"，《历代诗话》中说：杨升庵考证，虾蟆陵在长安。作者认为："《国史补》谓董仲舒墓门，人过要下马，以故号下马陵，而语讹为虾蟆陵。白公诗亦循俗之过。"毛泽东也是逐句加了圈点。

毛泽东曾在《新民主主义论》中写道："中国的长期封建社会中，创造了灿烂的古代文化。清理古代文化的发展过程，剔除其封建性的糟粕，吸收其民主性的精华，是发展民族新文化提高民族自信心的必要条件。"而毛泽东对于以《琵琶行》为代表的白居易诗歌中民主平等思想的挖掘，正是其继承和弘扬优秀传统文化的生动体现。

● **哲理性："人到死的时候才能断定他是好是坏"**

白居易的很多诗歌，都充满着哲思。毛泽东对这一点很看重，曾多次圈画和引用这一类诗歌。

如，这首著名的《赋得古原草送别》：

离离原上草，一岁一枯荣。
野火烧不尽，春风吹又生。
远芳侵古道，晴翠接荒城。
又送王孙去，萋萋满别情。

这是白居易少时准备科举考试时的习作。此诗写得很有哲理意趣，生动地表现了草木荣枯之间的辩证关系，揭示了自然规律背后蕴含的历史规律。毛泽东对不同诗集中的这首诗都作过圈画，并手书过这首诗的前四句。井冈山时期，毛泽东曾写过一篇著名的《星星之火，可以燎原》，指出农村革命根据地尽管现在弱小但必将形成星火燎原的发展形势。此文的立意，与白居易诗歌中揭示的道理似有异曲同工之处。

又如，白居易的《放言五首》。这是一组富含哲理的政治抒情诗，作者分别就人生的真伪、祸福、贵贱、贫富、生死诸问题抒发自己的看法，发人深省。毛泽东对这五首诗歌都认真阅读过，并作了圈画，特别是《放言五首》之三。在毛泽东故居藏的一本平装《白香山集》中，毛泽东对全诗都用红笔画了着重线。《放言五首》之三原诗为：

> 赠君一法决狐疑，不用钻龟与祝蓍。
> 试玉要烧三日满，辨材须待七年期。
> 周公恐惧流言日，王莽谦恭未篡时。
> 向使当初身便死，一生真伪复谁知？

此诗通过历史人物的典故来说明：对一个人的认知和评判要经过长时间的考验。对于这一观点，毛泽东曾多次加以引申运用。

1939年5月30日，毛泽东在延安庆贺模范青年大会上所作的《永久奋斗》报告中说：

什么是模范青年？就是要有永久奋斗这一条。其他的当然也要有，如刚才冯文彬同志讲过的智育、德育、体育、美育、群育等等，但据我看来，"永久奋斗"才是最主要的一条，没有这一条，什么都是空的。奋斗到什么程度呢？要奋斗到五年，十年，四十年，五十年，甚至到六十年，七十年，总之一句话，要奋斗到死，没有死就还没有达到永久奋斗的目标。从前有一首诗说："周公恐惧流言日，王莽谦恭下士时，倘使当年身便死，一生真伪有谁知？"这在我们的历史学家那里叫做"盖棺论定"，就是说，人到死的时候，才能断定他是好是坏。假使周公在那个谣言流传的时候就死了，人家一定会加他一个"奸臣"的头衔；又若王莽在那个谦让卑恭的时候死了，那后世人一定会赞扬他的。不过我们现在不是讲历史,那两个人究竟孰好孰坏,我们不论,然而它说明了人只有到死,才可以论定他的功罪是非。我们说:永久奋斗,就是要奋斗到死。

毛泽东在这里,通过引用这首诗的后四句(与原诗略有出入),来说明青年只有终生奋斗,奋斗到死,人生才会盖棺定论。1972年,在批判林彪集团时,毛泽东在一次谈话中再次引用这首诗的后四句,借以说明:一个人错误的发展是有一定过程的,认识一个人是真革命还是假革命也是有一定过程的。

也许正是由于思想家的敏锐,毛泽东才喜爱并善于挖掘白诗中的哲理内涵。

● 通俗性:"他用通俗易懂的口语写出精彩的文艺作品"

对于白居易的作品,毛泽东不仅从思想性上给予了高度的肯定,还从艺术和语言的角度对其进行过总体的评价。

1949年12月,毛泽东赴苏联访问的途中,在与苏联汉学家费德林交谈时谈到白居易,毛泽东说:

> 他用通俗易懂的口语写出精彩的文艺作品。尽管他在宫廷身居

高位，但是仍然接近群众，并在作品中表达普通老百姓的情绪和愿望。

在这一段评论中，毛泽东一方面再次提到白诗中的平等思想，肯定白居易"在作品中表达普通老百姓的情绪和愿望"；另一方面，又肯定了白诗的语言与艺术表达，称赞其"用通俗易懂的口语写出精彩的文艺作品"。

白居易的诗歌以语言浅近、通俗易懂而著称。他在《新乐府序》中说："其辞质而径，欲见之者易谕也；其言直而切，欲闻之者深诫也；其事核而实，使采之者传信也；其体顺而肆，可以播于乐章歌曲也。"白居易力求诗歌语言的通俗平易，音节的和谐婉转，以便于在群众中阅读和传播。据史籍记载，白居易诗歌广为流传，在王公、妾妇、牛童、马走之间"无不道"，在禁省、观寺、邮候、墙壁之上"无不书"。

能突出反映白居易诗歌通俗、浅近特点的一类诗，就是白诗中的讽喻诗。白居易曾把自己的诗篇分为讽喻、闲适、感伤和杂律四类。讽喻诗则是用平易通俗的语言来反映现实生活。

毛泽东对这类诗歌十分关注。他曾经对《秦中吟十首》《新乐府五十首》等讽喻诗的代表作进行过圈画。

《秦中吟十首》作于唐宪宗元和五年（810）。诗人通过描写于长安所见所闻来反映社会不公。第一首《议婚》表达了对贫女难以出嫁的同情，第二首《重赋》揭露了无名税的残酷黑暗，第三首《伤宅》讽刺了豪门贵族的骄奢淫逸，第四首《伤友》慨叹朋友之道今不如古，第五首《不致仕》嘲讽爱富贵、恋君恩的年老不肯退休者，第六首《立碑》讥讽企图立碑传名和谀墓得金之流，第七首《轻肥》揭露宦官的骄横和奢侈生活，第八首《五弦》表达了对当时人不懂古乐的惋惜，第九首《歌舞》斥责执法高官的荒淫无耻，第十首《买花》揭露官僚贵族一掷千金的日常生活。毛泽东对这十首诗全部圈读过。

《新乐府五十首》作于唐宪宗元和四年（809）。诗人希望通过揭露社会黑暗，使执政者有所改变，减轻百姓困苦。其中第三十二首《卖炭翁》，毛泽东特别熟悉。

关于《卖炭翁》，这里有一件有趣的小事。1954年，中南海办了一个业余学校，让负责毛泽东警卫工作的人员学习文化。根据其身边工作人员回忆：一天，毛泽东在检查警卫封耀松的作业时，看到老师给封耀松默写的白居易《卖炭翁》打了满分5分。毛泽东非常高兴，便夸奖他又进步了。待毛泽东细看后，却发现了问题，笑着说：你们那个老师也是马大哈呀。他指着其中一行说：小封，这句怎么念？封耀松答：心忧炭贱愿天寒。毛泽东说：你写的是忧吗？哪里伸出来一只手？你写的是"扰"，扰乱的扰。怪不得炭贱卖不出价钱，是你扰乱么？毛泽东又指着一处问，这句怎么念？封耀松念道：晓驾炭车辗冰辙。毛泽东又笑又气：这是"辙"吗？你写成"撤"了，到处插手。炭还没卖就大撤退，逃跑主义。这是撤退的撤。毛泽东边说着，边拿起笔将5分改成了3分。从这件小事中可以看出，毛泽东对《卖炭翁》的原文是非常熟悉的。

除了讽喻诗，白居易的另一篇著名叙事长诗《长恨歌》，其实也是一首语言浅近、广为流传的佳作。毛泽东对这首诗也甚为喜爱，晚年时曾多次要求身边工作人员为其朗读，并为之动情落泪。

根据护士孟锦云回忆，毛泽东曾自己吟诵《长恨歌》中的诗句"忽闻海上有仙山，山在虚无缥缈间。楼阁玲珑五云起，其中绰约多仙子"，并要求其为他诵读《长恨歌》。当读到"在天愿作比翼鸟，在地愿为连理枝。天长地久有时尽，此恨绵绵无绝期"时，孟锦云发现毛泽东已闭着眼睛，似乎陷入了沉思。另据张玉凤回忆，毛泽东每次听到《长恨歌》最后两句"天长地久有时尽，此恨绵绵无绝期"时，往往落泪。毛泽东还曾手书过《长恨歌》，但并未写完，只写到"惊破《霓裳羽衣曲》"。

毛泽东赞赏白诗的通俗易懂，这与他一贯提倡的文艺要通俗化、大众化高度契合。他号召建设"民族的科学的大众的文化"，提出："无论文艺的任何部门，包括诗歌在内，我觉得应是适合大众需要的才是好的。"毛泽东不仅这样要求文艺工作者，对于他自己的文章诗词写作，他也总是避免佶屈聱牙、晦涩难懂，重视高雅与通俗的结合。

除了通俗化与大众化，白居易其他的一些文艺观点，也与毛泽东的文艺思想有若干相通之处。比如，白居易认为诗歌要立足社会生活，认为"大凡人之感于事，则必动于情，然后兴于嗟叹，发于吟咏，而形于歌诗矣"。对此，毛泽东也有类似的观点，他指出："中国的革命的文学家艺术家，有出息的文学家艺术家，必须到群众中去，必须长期地无条件地全心全意地到工农兵群众中去，到火热的斗争中去，到唯一的最广大最丰富的源泉中去，观察、体验、研究、分析一切人，一切阶级，一切群众，一切生动的生活形式和斗争形式，一切文学和艺术的原始材料，然后才有可能进入创作过程。"

民主性、哲理性、通俗性，这些白居易诗歌中或隐藏或已显露出的特点，在穿越千年之后，得到了毛泽东的认可，并与毛泽东的某些文艺思想产生了共鸣。如果说琵琶女偶遇白居易为知音之幸，那么白居易遇到毛泽东又何尝不是知音之幸呢？

"时来天地皆同力，运去英雄不自由"
——毛泽东与罗隐

书法赏析

此卷运笔流畅，开合工整。以每行五字、四行书写的形式布局，疏落有致。全卷空灵流丽，尽显草书之美。

诗人诗词

雪

尽道丰年瑞，丰年瑞（事）若何？
长安有贫者，为瑞不宜多。

这首诗为晚唐诗人罗隐的《雪》。罗隐（833—910），原名横，字昭谏，自号江东生，杭州新城（今浙江富阳）人。天资聪颖，少有诗名。屡次应举，自称"十二三年就试期"，但最终还是铩羽而归，史称"十上不第"。咸通十一年（870），入湖南幕府，次年任衡阳主簿。黄巢起义后，避乱隐居九华山。光启三年（887），入镇海节度使钱镠幕府,任钱塘令等职。五代后梁开平三年(910)去世,享年78岁。罗隐工诗擅文,笔下多愤世嫉俗、关注民情之作,有《甲乙集》《罗昭谏集》。

这首《雪》是罗隐的一首咏物诗。虽以《雪》为题,但实际上是借物抒怀,探讨的是"雪"究竟是否真的是"瑞兆",表达了诗人对统治者的强烈愤怒与不满,流露出的是对广大贫苦人民的深刻同情。

伟人情思

罗隐,堪称中国古代第一讽刺诗人。但自宋代以后的千余年里,罗隐却逐渐隐没为唐末五代众多平庸文学家中的一员。而真正在整个唐五代文学史乃至整个中国文学史的脉络中重新发现罗隐的,是鲁迅与毛泽东。鲁迅发现了罗隐的小品文,称其"几乎全部是抗争和愤激之谈",而毛泽东则发现了罗隐的诗歌与人格。

● **罗隐诗歌,圈画最多**

很多人都认为,毛泽东最喜爱李白,那么他圈画最多的诗歌一定是李白诗。然而,令人意想不到的是,在现存毛泽东故居藏书中,毛泽东圈画最多的竟是罗隐的诗歌，数量多达91首，而圈画的李白诗歌则是80多首。由此可见，毛泽东对罗隐诗歌十分重视与喜爱。那么，毛泽东主要圈画了罗隐的哪类诗歌呢？

罗隐一生坎坷，又处于唐末衰败的时代，其诗歌中充满着对于现实的关切，多愤懑不平之言，后人曾评价其为"黄河信有澄清日，后代应难继此才"。毛泽东在其藏有的罗隐诗集《罗昭谏集》和《甲乙集》中所圈画的，也多是此种类型的诗歌。

比如罗隐的咏史诗。这类诗常常通过古今对比，抨击现实。毛泽东曾圈画过这类诗的代表作《王濬墓》《西施》《秦纪》《焚书坑》《董仲舒》等。他在《王濬墓》的标题前画着两个大圈，在前两句"男儿未必尽英雄，但到时来即命通"旁画有密圈。这首诗是罗隐借西晋大将王濬的故事，抒发自己时运不济、怀才不遇的感慨。毛泽东在《西施》的标题前同样画过两个大圈，且整首诗都加了密圈。罗隐在这首作品中，一改传统观点认为西施是红颜祸水的看法，而是看到了封建王朝的盛衰有命，他写道："家国兴亡自有时，吴人何苦怨西施。西施若解倾吴国，越国亡来又是谁？"在当时的历史条件下，可谓比较深刻的见解。

除了咏史诗，毛泽东还圈画过罗隐的咏物诗。这类诗歌也多是托物言志，借物抒怀。比如毛泽东圈画的这首《浮云》："溶溶曳曳自舒张，不向苍梧即帝乡。莫道无心便无事，也曾愁杀楚襄王。"毛泽东对全诗都加了圈点，并在标题前画着两个大圈。这首诗借描写浮云的自由自在，表达了自己不愿投靠权贵的高洁情操。毛泽东还圈画过罗隐写月的诗歌《中秋夜不见月》，他在每一句末尾都加了双圈，最后两句还加了密圈。

除了咏史诗和咏物诗，毛泽东还圈画过罗隐一些剖白心迹的诗歌。比如著名的《自遣》："得即高歌失即休，多愁多恨亦悠悠。今朝有酒今朝醉，明日愁来明日愁。"毛泽东对这首诗一路密圈到底。又如《东归别常修》："六载辛勤九陌中，却寻归路五湖东。名惭桂苑一枝绿，鲙忆松江两箸红。浮世到头须适性，男儿何必尽成功。唯惭鲍叔深知我，他日蒲帆百尺风。"毛泽东对全诗每句都加了圈，天头上画着大的圈记。毛泽东还曾手书《曲江春感》："江头日暖花又开，江东行客心悠哉。高阳酒徒半凋落，终南山色空崔嵬。圣代也知无弃物，侯门未必用非才。一船明月一竿竹，家住五湖归去来。"这些诗歌有苦闷忧思也有淡泊心境，让毛泽东更容易走进诗人的内心。

以上提到的这些诗歌，只是毛泽东圈画的众多罗隐诗歌中的一小部分。这些诗歌的共同特点，都是伤时感世的愤懑语、失意语、讽刺语，是一位具有家国情怀的封建士大夫投向那个时代的"匕首"与"投枪"。也许正因如此，罗隐的诗歌才得到毛泽东如此青睐。

尽道丰年瑞，丰年事若何。长安有贫者，为瑞不宜多。

毛泽东手书罗隐《雪》

● 同一句诗，两次引用

如果在罗隐诗歌中选择一首毛泽东最喜爱的，大概率便是这首《筹笔驿》：

> 抛掷南阳为主忧，北征东讨尽良筹。
> 时来天地皆同力，运去英雄不自由。
> 千里山河轻孺子，两朝冠剑恨谯周。
> 唯馀岩下多情水，犹解年年傍驿流。

筹笔驿，在今四川广元境内，相传诸葛亮曾在此筹划北伐大计。诗中描写了诸葛亮抛弃隐居生涯，为蜀汉四处征战竭力运筹，然而最终因时运不济，遗恨而亡的往事。全诗充满同情与惋惜之情。毛泽东阅读此诗时，在标题前画着三个大圈，在第一句旁画着曲线，从第三句开始一直圈画至全诗末尾，每句诗的末尾也都画着圈，足见对此诗的重视。

这首诗中，毛泽东最喜欢的一句是"时来天地皆同力，运去英雄不自由"。这句诗说的是，一个人在时运顺遂时天地仿佛都会齐心协力帮助他，而在运势一去不复返时就连英雄都难以掌握自己的命运。毛泽东不仅单独手书过这句诗，还曾引用它对古代与现实中的两位人物进行过评价。

第一次引用，是借用此句评价梁武帝萧衍。

毛泽东在阅读《南史·梁武帝纪》时，看到作者李延寿对萧衍有这样一段评价："自古拨乱之君，固已多矣，其或树置失所，而以后嗣失之，未有自己而得，自己而丧。追踪徐偃之仁，以致穷门之酷，可为深痛，可为至戒者乎。"毛泽东在这段评论的天头上，用红铅笔写下了罗隐的这句"时来天地皆同力，运去英雄不自由"，借以评价萧衍。

萧衍，南朝梁开国皇帝。其在位初期，留心政务，革除弊端，宽待门阀，在政治、经济、文化、军事上都颇有建树，是一位较有作为的帝王。但其在位晚期时，随着年事增高，怠于政事，"留心俎豆，忘情干戚，溺于释教，弛于刑典"，后又引狼入室，接受了北魏侯景的降服，最终因"侯景之乱"导致梁朝灭亡，自己也被囚死于台城。李延寿从创业与守业的角度对梁武帝的一生进行了评论，让后世引之为戒，言辞颇多批评。而毛泽东援引罗隐的这句诗，则更多的是从时运的角度品评梁武帝的成败得失。他看到了其中隐藏的无奈，表达的是对梁武帝这个历史人物的同情。

第二次引用，是借用此句化解一场政治风波。

这件事，发生在"文化大革命"期间。据刘华秋《忆毛泽东主席援引罗隐诗》一文回忆：

1967年8月7日晚,当时中央"文革"小组的王力在接见外交部驻外使馆参赞姚登山时,发表了一篇讲话,否定新中国成立以来外交战线所取得的重大成就,煽动姚登山起来夺权。这篇讲话造成极为严重的后果,外交大权一度旁落,我国的对外关系遭到严重的破坏,在外事领域引起了极大的思想混乱。外交部的刘华秋等人通过王海容向正在南方视察工作的毛泽东主席送去了王力"八七讲话"的抄本和有关的一系列材料,反映外交部的问题。9月24日凌晨4点,毛泽东从南方回到北京,早已等候在中南海的王海容即向他汇报了有关情况。当王海容说到王力"八七讲话"不得人心时,毛泽东针对当时中央"文革"的王力、关锋、戚本禹的问题,只援引了两句诗:"时来天地皆同力,运去英雄不自由。"并说:"你回去吧,我要休息了。"

　　早上6时多,王海容回到外交部办公厅综合组。刘华秋等人焦虑地询问她毛主席究竟讲了什么话?王海容说:主席对王、关、戚的问题只引用了两句古诗。大家立即翻阅唐诗、宋词,却没查到出处。加上王海容把"时来天地皆同力"的"力"误听为"立"字,就更难查了。因为这两句诗事关王、关、戚的定性,他们便去请教王海容的爷爷、毛泽东的表兄及国文老师王季范先生,才弄清楚是出自罗隐诗《筹笔驿》。刘华秋等人一致认定:毛主席援引罗隐这两句诗,寓意深长,耐人寻味,给王、关、戚作了个"盖棺定论"。意思是说,王力、关锋、戚本禹等人,在"文化大革命"开始以来,时来运转，红极一时，似乎天、地、人都协力支持他们，一切都很得手；但曾几何时，他们行不义必自毙，好运不长，气数已尽，曾经不可一世的"英雄"，将要被历史的车轮压倒，成为得不到自由的阶下囚。后来刘华秋等人才知道，早在这一年的8月底，毛泽东已指示对王力、关锋、戚本禹隔离审查，王、关、戚从此销声匿迹。

毛泽东用同一句诗分别对古代人物和现实人物进行评价，这在其引用古诗的方式中是不多见的。而这两次引用明显含义不同：对梁武帝，毛泽东更多抱有的是同情；而对于王、关、戚，则更多的是义愤。

● 生平才学，同情欣赏

毛泽东喜爱罗隐的诗，与罗隐的生平遭际及才学有着一定的联系。

罗隐有这样一首诗《嘲钟陵妓云英》：

钟陵醉别十余春，重见云英掌上身。
我未成名卿未嫁，可能俱是不如人。

毛泽东在《罗昭谏集》中的这首诗最后两句上，字字都画了密圈。在《甲乙集》的这首诗中，除圈点外，还批注：

十上不中第。

毛泽东的这一批注，实际上隐含着他对于罗隐生平的了解，也就是这首诗背后的一段故事。

据传，罗隐首次应考时，在钟陵县的酒宴上遇见歌妓云英。十二年后，他再度落第路过钟陵，又与云英重逢。仍然是歌女的云英也惊诧罗隐仍然为布衣，于是罗隐便心生感慨写下此诗。罗隐的这首诗，表面上是嘲笑妓女云英还未出嫁，实则是自我解嘲，"可能俱是不如人"无疑是一种不得已的苦笑。罗隐少时便颇有才名，本有远大志向，但因刚正不阿，愤世嫉俗，写《谗书》讥讽时政，为朝廷公卿所忌，于是十多次应举均不中第，并非才不如人。所以毛泽东才在阅读这首诗时写下"十上不中第"的批注，这是对诗人身世遭际的深刻理解与同情。

毛泽东除了同情罗隐的遭际，对于他除了文学才华外展现出的其他才能也颇为欣赏，尤其肯定了他的军事才能。南宋袁枢所撰《通鉴纪事本末》卷三十九《钱氏据吴越》中记载："初，镠筑杭州罗城，谓僚佐曰：'十步一楼，可以为固矣。'掌书记余杭罗隐曰：'楼不若皆内向。'至是，人以隐言为验。"毛泽东在阅读这段文字时，在罗隐的话上逐字进行了圈画，并批注：

昭谏亦有军谋。

这段记载说的是，唐昭宗景福二年（893），镇海、镇东节度使钱镠扩建杭州城，修建了十步一楼的坚固城防工事，便认为杭州已固若金汤，外敌不可侵，可担任钱镠掌书记的罗隐却认为"楼不若内向"，意指要提防杭州城内可能发生的变故。罗隐的话最终应验。唐昭宗天复二年（902），驻扎在杭州城内的一支原北方降兵组成的军队发生哗变，史称"徐许之乱"。钱镠在那场动乱中，史载其"几于覆国"。由此可见罗隐卓越的军事才能和政治洞察力，因此毛泽东评"昭谏亦有军谋"。

也许正是罗隐坎坷的人生际遇，让他的诗歌多了关于时政、关于民生、关于命运的深刻思考，也让毛泽东于浩瀚的诗歌宇宙中发现了罗隐诗歌穿越时空的思想价值，发现了具有杰出才学和凛然傲骨的诗人罗隐的价值。

"办事而兼传教之人"
——毛泽东与范仲淹

书法赏析

此篇墨迹,虽线条清淡,但笔势连贯,舒雅中不乏坚劲。末句"明月楼高休独倚,酒入愁肠,化作相思泪"写得自如曼妙,曲屈有致。"泪"字曲折蜿蜒,愁肠百转,书尽词意。

诗人诗词

苏幕遮·碧云天

碧云天,黄叶地,秋色连波,波上寒烟翠。山映斜阳天接水,芳草无情,更在斜阳外。

黯乡魂,追旅思,夜夜除非,好梦留人睡。明月楼高休独倚,酒入愁肠,化作相思泪。

这首词是北宋政治家、文学家范仲淹所作的《苏幕遮·碧云天》。范仲淹(989—1052),字希文,苏州吴县(今江苏苏州)人。官至枢密副使、参知政事。曾经略西北，安定国防，并主持"庆历新政"。为人清正廉洁，直言敢谏，因而屡次遭贬。皇祐四年（1052），改知颍州途中逝世，年64岁。谥号"文正"，世称范文正公。范仲淹不仅政绩卓越，道德操守为士人楷模，且文学成就突出。有《范文正公文集》传世。

这首《苏幕遮·碧云天》是其代表作之一。这首词上阕写景，用几近白描的手法突出了环境的肃杀。秋色冷清的边塞之地，没有大漠孤烟，没有古道瘦马，只有青碧的天空伴着簌簌落下的黄叶，余晖斜照在远处的荒山上，天水一线，芳草萋萋，却似乎又更加遥不可及。全景似的镜头，向人们展示了一幅气势宏大、苍凉悲壮的边塞秋色图。下阕自然而然过渡到抒情，羁旅之愁，思乡之情，只有在梦中才能得到些许的安慰，末句"酒入愁肠，化作相思泪"凄婉哀怨，苦渗心扉。

伟人情思

"仰止范文正，宋朝第一人"。提起范仲淹，人们不难想起历史上著名的"庆历新政"，想起流传千古的"先天下之忧而忧，后天下之乐而乐"。范仲淹一生胸怀天下、出将入相，既留下"粹然为治世之音"的诗词，又留下赫赫事功与军功。这样一位兼具文才与帅才的北宋士大夫，与毛泽东有着怎样的神交呢？

● 评其词："既苍凉又优美，使人不厌读"

范仲淹作为北宋文坛的重要人物，其创作着重于散文和诗歌，流传下来的词作只有五首。然而毛泽东似乎却更为偏爱范仲淹的词。1957 年 8 月 1 日，毛泽东曾就范仲淹的两首词作写下一段很长的批语，其中之一就是上文提到的《苏幕遮·碧云天》，另一首则是著名的《渔家傲·塞下秋来风景异》：

塞下秋来风景异，衡阳雁去无留意。四面边声连角起。千嶂里，长烟落日孤城闭。

浊酒一杯家万里，燕然未勒归无计。羌管悠悠霜满地。人不寐，将军白发征夫泪。

这首《渔家傲·塞下秋来风景异》是范仲淹受宋仁宗之命任陕西经略安抚副使抵抗西夏时所作。这首词上阕写景，以首句中的"异"字领起，描写了边塞秋色与内地的不同。"衡阳"一句用典，相传大雁飞到衡阳便不再南飞，到春天始北还。戍边的将士想托鸿雁捎去家书，可边塞的苦寒，让大雁都无停留之意。此时孤寂的边城突然有了声响，四面画角声起，夕阳西下，目送归鸿，更显寂静凄凉，一个"闭"字为这千嶂里的孤城画上了一个句点。《李陵答苏武书》中也曾对边境苦寒有过类似的描述:"凉秋九月,塞外草衰,夜不能寐,侧耳远听,胡笳互动,牧马悲鸣,吟啸成群,边声四起。晨坐听之,不觉泪下。"下阕以酒起兴,抒发思乡之情,"一杯"与"万里"形成了微妙的对比,酒与愁紧紧地联系在了一起。"燕然"句与"衡阳"句照应,再次使用了典故,说的是东汉窦宪讨伐北匈奴,至燕然山刻石纪功而还的故事,表达了北宋将士想要抵御外侮,保卫边疆的爱国之情。夜深了,伴着羌管悠悠,战士们无眠。末句"将军白发"与"征夫泪"连用,从时间到空间,悲从中来。未知的战事,遥远的归期,一面是拳拳爱国情,一面是殷殷思归切,这是戍边将士无法言说的无奈、矛盾与痛苦。

　　这两首词都是范仲淹守边之作,也是古往今来边塞词的代表之作。在这一缕乡愁、一抹情思当中,我们看到了"甲兵十万在胸中,赫赫英明震犬戎"的范仲淹内心深处那个愁肠百转的自我。

　　也正是因为如此,毛泽东在阅读以上两首词作时写下了这样的批语:

　　词有婉约、豪放两派,各有兴会,应当兼读。读婉约派久了,厌倦了,要改读豪放派。豪放派读久了,又厌倦了,应当改读婉约派。我的兴趣偏于豪放,不废婉约。婉约派中有许多意境苍凉而又优美的词。范仲淹的上两首(指《苏幕遮·碧云天》和《渔家傲·塞下秋来风景异》——引者注），介于婉约与豪放两派之间，可算中间派吧；但基本上仍属婉约，既苍凉又优美，使人不厌读。婉约派中的一味儿女情长，豪放派中的一味铜琶铁板，读久了，都令人生厌的。人的心情是复杂的，有所偏袒仍是复杂的。所谓复杂，就是对立统一。人的心情，经常有对立的成分，不是单一的，是可以分析的。词的婉约、豪放两派，在一个人读起来，有时喜欢前者，有时喜欢后者，就是一例。睡不着，哼范词，写了这些。江青看后，给李讷看一看。

这一时期，正是新中国建设的多事之秋，与词中"人不寐"的戍边将士一样，夜中难寐的毛泽东披衣起坐，写下这段感受。其主要表达了三层意思：一是表明了自己的词作阅读兴趣是"偏于豪放，不废婉约"；二是对范仲淹这两首词的风格给予总体评判，即是介于豪放派与婉约派的"中间派"；三是提出阅读兴趣与个人心情是密切联系的这一阅读观点。

众所周知，毛泽东的词作偏于豪放，其对豪放派代表词人辛弃疾更是青睐有加。但是，毛泽东也圈画过不少婉约派词人的作品，比如柳永、李清照、纳兰性德等。而在毛泽东自己的词作中，也有一首可以被明确归入婉约派的诗词。

这便是毛泽东写给杨开慧的爱情之歌——《虞美人·枕上》。

堆来枕上愁何状，江海翻波浪。夜长天色总难明，寂寞披衣起坐数寒星。

晓来百念都灰尽，剩有离人影。一钩残月向西流，对此不抛眼泪也无由。

这首词细腻地描绘出与爱人离别的相思之情，也是毛泽东唯一一首纯粹描写爱情的词作。在毛泽东创作的大量诗词中，与爱情有关的仅有三首，且都是与杨开慧相关。除了这首《虞美人·枕上》，另外两首分别为《贺新郎·别友》和《蝶恋花·答李淑一》。

自古以来，描写爱情的词作往往都是凄清婉转的"婉约派"，然而，毛泽东的这三首爱情词，却在一步步发生着变化：从"对此不抛眼泪也无由"到"我自欲为江海客"再到"万里长空且为忠魂舞"，毛泽东将儿女之情升华为感天动地的大情怀，创作风格由婉约派向其定义的"中间派"转变，似乎也在暗暗印证着其欣赏词作的标准，实现着创作与评判的统一。

● 论其人："办事而兼传教之人"

范仲淹的两首词作，引起的是毛泽东对诗词阅读兴趣和评判标准的感慨。那么，范仲淹的为人又曾引起毛泽东怎样的喟叹呢？

1913年11月23日，青年毛泽东在《讲堂录》笔记中，留下了这样一段对于范仲淹的评价：

> 有办事之人，有传教之人。前如诸葛武侯范希文，后如孔孟朱陆王阳明等是也。
>
> 宋韩范并称，清曾左并称。然韩左办事之人也，范曾办事而兼传教之人也。

在这段评论中，毛泽东将历史上的人物分为"办事之人"与"传教之人"。"办事之人"指的是诸葛亮等立下赫赫功勋之人，"传教之人"指的是孔孟等留下深邃思想之人。他认为，宋代并称的韩琦与范仲淹，清代并称的曾国藩与左宗棠，这四人中，韩琦与左宗棠只是"办事之人"，而范仲淹和曾国藩既是"办事之人"又是"传教之人"。在这里，毛泽东给予了范仲淹高度的评价。

毛泽东何以对范仲淹作出这样的评判？

首先，从"办事之人"看，范仲淹在跌宕起伏的一生中为北宋立下了不朽功勋。其中两件事情最为重要：一是阻击西夏，二是"庆历新政"。

宋仁宗康定元年（1040），西夏国王元昊叛乱入侵宋朝，宋边境告急。当此危急之时，范仲淹主动请缨，被宋仁宗任命为龙图阁直学士、陕西经略安抚副使，兼任延州知州，与陕西经略安抚使韩琦一道,共同带兵抗击西夏。在任期间,他采取积极的防御政策,修筑城池,收复失地,训练士卒,实行屯田,对西夏实施经济封锁,最终迫使西夏于宋仁宗庆历四年(1044)与宋朝签订了和约。当时,边疆传颂:"军中有一韩,西贼闻之心骨寒。军中有一范,西贼闻之惊破胆。"范仲淹为稳定仁宗年间的边境局势,发挥了重要作用。

就在宋夏战局趋缓的庆历三年(1043)四月,宋仁宗召范仲淹还朝,任枢密副使。八月,又擢其为参知政事,酝酿一场仁宗年间的重要改革。九月,史称"庆历新政"的改革正式推行,范仲淹从十个方面提出了改革方案:明黜陟、抑侥幸、精贡举、择长官、均公田、厚农桑、修武备、减徭役、推恩信、重命令。这十条举措沉重打击了北宋王朝庸碌无能的官吏,直击当时臃肿庞杂的腐朽官僚体制。正因如此,新政遭到了不少官僚贵族的强烈反对,最后因宋仁宗的动摇,不到一年,"庆历新政"便失败了。这场改革运动虽然失败,但是范仲淹留下的改革举措和精神遗产,却成为了二十多年后王安石变法的先声。

改革失败后的范仲淹自请出京,重返西北,他希望回到这片曾寄托了他无限情感的土地,再为他的国家护航。可身体的情况已不允许他再留任,此后,范仲淹从邓州到杭州再到青州,在改知颍州的路上病逝,享年64岁,谥号"文正"。

其次,从"传教之人"看,范仲淹以其言行和品格使得北宋士风为之一振。其中最突出的两点，就是刚正不阿与心怀天下。

范仲淹一生清正廉洁、刚正不阿。范仲淹仕途不顺，曾多次遭贬。然而正是在这一贬再贬中，范仲淹树立起北宋士大夫精神的旗帜，其品格与风范、精神与追求影响了北宋乃至此后整个士大夫阶层。天圣七年（1029），范仲淹因上书奏请章献太后还政宋仁宗，而被贬河中府。明道二年（1033），范仲淹因极力劝阻宋仁宗废除郭皇后而被贬睦州。在这里，他写作《严先生祠堂记》，推崇东汉严子陵不慕名利的清高品格，歌曰："云山苍苍，江水泱泱，先生之风，山高水长。"景祐三年（1036），范仲淹因对宰相吕夷简的用人制度不满直言进谏，上《百官图》，被贬饶州。他作《灵乌赋》，表明"宁鸣而死，不默而生"的无畏态度。对于这三次贬黜，范仲淹却不以为意，其有诗曰："一入谏诤司，鸿毛忽其身。可负万乘主，甘为三黜人。"

范仲淹身上有着令人感佩的家国情怀。范仲淹在母丧之际，依然写下"不以一心之戚而忘天下之忧"。"庆历新政"失败后，范仲淹被贬邓州，时年58岁的他写下了著名的《岳阳楼记》。"先天下之忧而忧，后天下之乐而乐"的情怀，是范仲淹一生言行最精准的提炼，也是其为北宋士大夫阶层留下的最为宝贵的精神财富。

范仲淹的言传与身教，对当时乃至后世都产生了深远影响。《宋史·范仲淹传》中对其有这样的评价，"每感激论天下事，奋不顾身，一时士大夫矫厉尚风节,自仲淹倡之"。时欧阳修、富弼、苏舜钦、韩琦等人,均以被划归为范仲淹"朋党"为荣。韩琦曾评其:"竭忠尽瘁,知无不为……天下正人之路,始公辟之。"苏轼在作《范文正公文集叙》时,曾不无遗憾地写道:"盖十有五年而不一见其面,岂非命也欤!"曾巩曾生动地描述了世人对范仲淹的仰慕:"天下想闻其风采,贤士大夫以不获登其门为耻,下至里巷,远及夷狄皆知其名字。"后代士大夫更是对范仲淹拳拳服膺。南宋朱熹曾言其为"有史以来天地间第一流人物",毛泽东欣赏的明代文人高启曾为其写下这样的诗篇:"有宋名臣谁第一?公为国家真辅翼。丰功茂烈何煌煌?信与日月争辉赫。"

忠义满朝廷,事业满边陲,功名满天下。从上述范仲淹立德、立功、立言的人生经历可以看出,毛泽东对范仲淹"办事而兼传教之人"的评价不仅仅是独特的,更是客观而中肯的。

当时有此见解的毛泽东,年仅20岁。

● **仿其事:"拟学颜子之箪瓢与范公之画粥"**

如果说范仲淹的办事与传教更多的还是与中年之后的毛泽东相契合,那么对20岁左右的毛泽东而言,对其产生更为直接影响的,则是范仲淹年少时的一段人生经历。

1917年暑假，毛泽东邀请了几个同学到湖南宁乡、安化、益阳等县游学，名曰"打秋风"。8月23日，在给恩师黎锦熙的书信中，他向老师表达了自己愿意勤奋苦学并苦中作乐的志向：

然拟学颜子之箪瓢与范公之画粥，冀可勉强支持也。阁下于此，不知赞否若何？

毛泽东在这里提到的"颜子之箪瓢"，指的是孔门弟子颜回"一箪食，一瓢饮，在陋巷，人不堪其忧，回也不改其乐"，而"范公之画粥"指的则是范仲淹年少时的一段往事。

范仲淹两岁时，父亲不幸病逝，母亲改嫁给山东淄州长山县人朱文翰。范仲淹也随继父改名为朱说。由于是随母改嫁，范仲淹承受着寄人篱下的委屈。成年后的范仲淹得知自己的身世后，"感愤自立，决欲自树立门户，佩琴剑径趋南都"。大中祥符四年（1011），23岁的范仲淹辞别母亲来到南京，进入应天府书院学习。其"画粥"的故事就发生在这里。

根据《范文正公集》中记载：范仲淹读书极其用功，五年不曾解衣入睡，晚上读书，常用冷水洗面以防倦怠。因其家贫，生活清苦，只能以稀粥为食。寺庙中读书时，常煮一锅粥，待凝结后用刀划成小块，早晚各取一块以充饥。其在艰辛生活中立志苦学的精神，令人钦佩。此时的毛泽东 24 岁，与彼时的范仲淹仅差 1 岁，同样出身农家正于省城读书的他希望效仿范仲淹立志苦学的行为和精神，实现自己的人生抱负。

年少的毛泽东似乎在对志向的坚定追求上也与年少的范仲淹有着相似之处。毛泽东在走出韶山之前，曾写下"孩儿立志出乡关，学不成名誓不还。埋骨何须桑梓地，人生何处不青山"的《赠父诗》。效仿范仲淹"画粥"，实际上正是毛泽东对其志向的践行。青年毛泽东曾以"身无分文，心忧天下"自勉，并以"与天奋斗，其乐无穷；与地奋斗，其乐无穷；与人奋斗，其乐无穷"为艰辛的奋斗之路找到乐趣所在。

以苦为乐，因为有志向的支撑；奋而忘忧，因为有理想的指引。年少的毛泽东在这一点上获得了与年少的范仲淹心灵上的共鸣。

范仲淹一生，在布艺为名士，在州县委能吏，在边境为名将。而纵观毛泽东的一生，其不也是在追求"办事"兼"传教"中度过吗？其一生致力于民族独立、人民解放、国家富强的事业，用毛泽东思想指导中国革命走向了胜利。

这里，不得不承认历史的神奇与有趣。

范仲淹阻击西夏时的战略要塞，也是他写下《渔家傲·塞下秋来风景异》的地方，古时被称作延州。而这里，正是与毛泽东有着千丝万缕联系的革命圣地——延安。

"读放翁诗词,如遇知己"
——毛泽东与陆游

书法赏析

此卷挥洒自如,风格豪放。"当年万里觅封侯"句顶天立地,"心在天山,身老沧洲"句掷地有声。全卷书意与诗意合二为一,气势恢宏,慷慨激昂,为草书佳作。

诗人诗词

诉衷情·当年万里觅封侯

当年万里觅封侯,匹马戍梁州。关河梦断何处,尘暗旧貂裘。胡未灭,鬓先秋,泪空流。此生谁料,心在天山,身老沧洲。

这首词是南宋词人陆游的《诉衷情》。陆游(1125—1210),字务观,号放翁,越州山阴(今浙江绍兴)人。其生于北宋灭亡前夕,曾入四川宣抚使王炎幕府,亲临抗金前线。因始终力主抗金,而为投降派所嫉,仕途坎坷,最终被劾去职,归隐山阴故里。其一生志在雪国耻，复中原，却报国无门，遂将一腔热血化为诗词。其诗风慷慨激昂，雄浑悲壮，著有《剑南诗稿》《渭南文集》等。

这首《诉衷情》是陆游归隐山阴故里后所作。词作回忆了他一生中最为怀念的驰骋疆场、戎马倥偬的岁月，通过今昔对比，反映了一位爱国志士的坎坷遭际，表达了诗人壮志未酬的悲愤之情。全词格调苍凉，慷慨悲壮，如泣如诉，令人动容。

伟人情思

毛泽东喜爱陆游诗词，他与陆游可谓诗心相通。据其身边工作人员回忆，毛泽东曾深情地说过："读放翁诗词，如遇知己。"这"知己"一说究竟因何而来呢？

● 最喜爱国词："剑南歌接秋风吟"

毛泽东对陆游诗词十分熟悉。他曾专门要求工作人员为其找寻陆游的《剑南诗稿》《渭南文集》进行阅读。他曾圈阅过至少7首陆游诗，圈阅过至少21首陆游词。在陆游留下的千首诗词中，最令毛泽东感慨动容的便是其中的爱国诗词。

关于毛泽东与陆游的爱国诗词，曾有这样两件趣事。

一件是发生在毛泽东与儿媳邵华之间的。根据邵华回忆，有一次，毛泽东和她谈起古代文学，问她最喜爱宋代哪位词人？邵华回答，最喜欢陆游。毛泽东问她为什么，邵华答道：陆游的诗词充满强烈的爱国主义激情，有雄浑豪放的战斗风格。他的诗，常常表现"铁马横戈""气吞残虏"的英雄气概和"一身报国有万死"的牺牲精神。邵华的回答颇合毛泽东的心意，他又继续询问邵华最喜欢陆游的哪几首诗词？邵华列举了《关山月》《书愤》《诉衷情》《夜游宫》《示儿》等名篇，并背诵了其中的几首。在背诵《夜游宫》时，邵华读错了一个字，她将"睡觉寒灯里"的"觉"（jué）字，读为了"jiào"，毛泽东将这一点指出后，还让她回学校问问老师这样读对不对。邵华借此机会请毛泽东将这首词写下赠予她。毛泽东欣然同意，便挥笔写下了这首《夜游宫·记梦寄师伯浑》：

雪晓清笳乱起。梦游处、不知何地，铁骑无声望似水。想关河，雁门西，青海际。

睡觉寒灯里。漏声断，月斜窗纸。自许封侯在万里。有谁知，鬓虽残，心未死。

这首《夜游宫》与本文开篇提到的毛泽东手书的《诉衷情》一样，

都是陆游晚年著名的爱国词作,抒发的都是作者强烈的爱国主义情感和壮志难酬的悲壮心绪。其上阕写梦境,开头用雪、笳、铁骑等特定北方意象,渲染了一幅有声有色的边塞风光画面,中间点明梦游所在,即雁门、青海一带,一个"想"字突出爱国深情。下阕写梦醒后的感想,首先描写了醒后感受到的清冷孤寂之环境,这里的"觉"是感知之意,因而毛泽东说要读"jué"。梦境中戎马生涯,醒来却只能是一场幻梦,一句"有谁知,鬓虽残,心未死"令人不胜唏嘘。

另外一件事是关于毛泽东自己所写的诗词。1961 年,毛泽东为纪念鲁迅诞辰八十周年,专门写了两首七绝,其中一首是:

鉴湖越台名士乡,忧忡为国痛断肠。
剑南歌接秋风吟,一例氤氲入诗囊。

毛泽东在这首诗中,由鲁迅联想至其故乡绍兴的名士——陆游和秋瑾。"剑南歌接秋风吟"一句指的便是留有《剑南诗稿》的陆游和留下"秋风秋雨愁煞人"自号"鉴湖女侠"的辛亥革命志士秋瑾。"忧忡为国痛断肠",是毛泽东对以陆游、秋瑾、鲁迅为代表的绍兴仁人志士爱国主义思想的热情赞颂。毛泽东在这里将陆游、秋瑾与其钦佩、热爱、赞颂的鲁迅并列,足见毛泽东对陆游身上所彰显的爱国主义情怀的认同与歌颂。

也许正是陆游诗词中强烈的爱国情怀,以及浸润在诗词中的激昂、忧患、悲愤、遗憾等情绪让毛泽东这样一位同样怀有对祖国、对人民深沉情感的诗人政治家"如遇知己"。

● **为爱情词伤感:"这世界上真正幸福的家庭能有多少"**

陆游的一生中,曾有一段令人感到无限伤感的爱情故事。毛泽东对陆游的这段经历非常熟悉,并为陆游因此而书写的爱情词伤怀。

毛泽东曾多次谈起过陆游的爱情词作《钗头凤·红酥手》:

红酥手,黄縢酒,满城春色宫墙柳。东风恶,欢情薄。一怀愁绪,几年离索。错,错,错。

春如旧,人空瘦,泪痕红浥鲛绡透。桃花落,闲池阁。山盟虽在,锦书难托。莫,莫,莫。

陆游的这首词,咏叹的是他与表妹唐琬之间的爱情悲剧。陆游与表妹唐琬两小无猜,后来二人结为夫妇,婚后情感十分融洽,可陆游的母亲却不喜欢这个儿媳,于是百般刁难。迫于压力,两人只能分离。后来陆游另娶,唐琬也改嫁。数年后,二人在绍兴沈园相遇。物是人非，感慨万千，陆游当即在墙壁上挥笔写下这首词，诉说着心中的痛苦和哀怨。后来，唐琬又回赠了陆游一首《钗头凤·世情薄》，不久便郁郁寡欢而终。这两首《钗头凤》字字泣血，成为陆唐二人爱情悲剧的见证，读来令人悲叹伤怀。

20世纪50年代后期，毛泽东曾对他的保健医生徐涛谈起这首词。他说：陆游与唐琬离异后，又相遇于沈园，那是他们情意缠绵之地，陆游的那首《钗头凤》，就题在沈园的墙壁上。毛泽东又问徐涛是否知道唐琬回赠的那首词，徐涛表示并不知道。毛泽东便将其背诵出来：

世情薄，人情恶，雨送黄昏花易落。晓风干，泪痕残，欲笺心事，独语斜阑。难，难，难！

人成各，今非昨，病魂常似秋千索。角声寒，夜阑珊，怕人寻问，咽泪装欢。瞒，瞒，瞒！

毛泽东接着说道：这首词回赠没有多久，唐琬就因积愁而死去。当初是陆游的母亲与唐琬不和。陆游这一对夫妻没有得到真正的幸福，这是封建社会的悲剧。这世界上真正幸福的家庭能有多少啊！

1964年，毛泽东在天津同警卫聊天时，背诵过这首《钗头凤·红酥手》。他说："这是陆游写的一首词《钗头凤·红酥手》。他是南宋一位了不起的大诗人,年轻时就立志'上马击狂胡,下马草军书'。他的表妹叫唐琬,也是一位有才华重感情的妇女。他们的爱情悲剧在《齐东野语》里有记载……"

毛泽东一再谈起陆游唐琬的爱情故事,从中我们能真切感受到毛泽东心中深深的惋惜。当他感慨着"这世界上真正幸福的家庭能有多少"的时候,是否也触动了自己的心绪,拨动了自己的心弦呢?

● **推陈出新:"试仿陆放翁"**

毛泽东曾多次效仿陆游诗词,进行自己的诗词创作。

陆游曾在弥留之际,留下一首著名的七绝《示儿》:

> 死去元知万事空,但悲不见九州同。
> 王师北定中原日,家祭无忘告乃翁。

这首词作于宋宁宗嘉定三年(1210),85岁的诗人陆游即将走完他坎坷的一生。他怀着"但悲不见九州同"的人生遗憾,留下这首生命最后的绝唱。1958年12月21日,毛泽东曾效仿这首《示儿》作了一首诗。这首诗写在他对文物出版社新印的大字本《毛主席诗词十九首》的批注中:

鲁迅一九二七年在广州，修改他的《古小说钩沉》，然后说道：于时云海沉沉，星月澄碧，饕蚊遥叹，予在广州。从那时到今天，三十一年了，大陆上的饕蚊灭得差不多了，当然，革命尚未全成，同志仍须努力。港台一带，饕蚊尚多，西方世界，饕蚊成阵。安得起全世界各民族千百万愚公，用他们自己的移山办法，把蚊阵一扫而空，岂不伟哉！试仿陆放翁曰：

人类今娴上太空，但悲不见五洲同。

愚公尽扫饕蚊日，公祭无忘告马翁。

毛泽东效仿陆游所作的这首诗，含义深刻。"人类今娴上太空"，说的是1957年和1958年苏联与美国相继成功发射人造地球卫星的事情。科技的迅猛发展使人类开始进入太空时代，然而人类社会却依然没有实现大同，由此引发了毛泽东"但悲不见五洲同"的感慨。而人类社会之所以未能实现大同，毛泽东认为主要是由于当时国际社会"饕蚊"众多。他在批语中写道"港台一带，饕蚊尚多，西方世界，饕蚊成阵"，指的就是当时国际政治形势的复杂。正因如此，他期待"全世界各民族千百万愚公，用他们自己的移山办法，把蚊阵一扫而空"，于是写下"愚公尽扫饕蚊日，公祭无忘告马翁"，此"马翁"即马克思。整首诗彰显了一位无产阶级革命家将革命进行到底的顽强斗争精神和坚信革命必胜的信心。

毛泽东的这首仿作，在韵脚上严格按照原韵。"空""同""日""翁"都是原诗韵字。但同时，毛泽东又突破了原诗的诗意限制，结合新的历史情境，赋予了诗歌更为广阔的意涵，将诗歌的主题升华到全世界实现共产主义远大理想的高度，充分展现了毛泽东翻陈出新、古为今用的诗歌创作趋向。

此外，毛泽东还曾"反其意而用之"，"效仿"陆游词创作了一首咏梅词。

陆游一生中有不少咏梅之作，其中最有名的便是《卜算子·咏梅》：

驿外断桥边，寂寞开无主。已是黄昏独自愁，更著风和雨。
无意苦争春，一任群芳妒。零落成泥碾作尘，只有香如故。

这首词描述了梅花孤高清冷的高洁形象，是作者抗金抱负不得实现又遭朝廷投降派打击排挤的命运写照。但整首词还是略带颓丧，缺乏昂扬向上的斗争性。1961年冬，毛泽东反用陆游词意，联系当时的国际风云，也创作了一首《卜算子·咏梅》。

风雨送春归，飞雪迎春到。已是悬崖百丈冰，犹有花枝俏。
俏也不争春，只把春来报。待到山花烂漫时，她在丛中笑。

毛泽东在词前写了一段小序："读陆游咏梅词，反其意而用之。"这里的"反其意而用之"指的便是改变陆游原词中的低沉之气，将梅花傲霜斗雪的抗争性表现出来，鼓舞全国人民在国际形势不利于我的时候，要像毫不动摇、毫不畏寒的梅花一样，傲然挺立，充满希望。毛泽东笔下的梅花，充满着大无畏的斗争精神和革命乐观主义。

毛泽东在诗词创作中，还喜欢化用陆游诗句，并自出机杼。

比如，《清平乐·会昌》中的"踏遍青山人未老"就化用了陆游的《渔家傲·寄仲高》"行遍天涯真老矣"。毛泽东将"行遍天涯真老矣"改为"踏遍青山人未老"，表现了高度的乐观主义精神。又如，毛泽东《十六字令三首》中的"山，倒海翻江卷巨澜"化用自陆游《夜宿阳山矶将晓大雨北风甚劲俄顷行三百余里》中的"五更颠风吹急雨，倒海翻江洗残暑"，原诗中的"倒海翻江洗残暑"描写的是雨势之浩大足以消除夏季的余热，毛泽东将"洗残暑"改为"卷巨澜"，用来形容群山连绵起伏，有如江海巨浪翻腾，气势磅礴。此外，在《念奴娇·昆仑》中，毛泽东还化用陆游《入瞿塘登白帝庙》中的"人皆化鱼鼋"为"人或为鱼鳖"；在《水调歌头·重上井冈山》中，毛泽东化用陆游《出塞四首借用秦少游韵》（其一）中的"壮士凯歌归"为"谈笑凯歌还"等等。

从毛泽东效仿陆游诗歌进行的诗词创作可以看出，毛泽东学古而不泥古，他用全新的世界观赋予古代诗词以更为广阔的生命。

爱国，是陆游诗词永恒的基调；爱情，是陆游诗词隐藏的深情。毛泽东为这二者动心动情，并在此基础上推陈出新、效仿创作，也许正是对这位伟大爱国诗人最诚挚的敬意吧。

"慷慨纵横,有不可一世之概"
——毛泽东与辛弃疾

书法赏析

此卷飞扬飘逸,草法纯熟。尽管写于红色笺纸上,受到边栏限制,但依然尽显流动之美。"千载(古)兴亡多少事"与"坐断东南战未休"句,大起大落,跳宕恣肆,与诗词中沉郁顿挫的情感相互应和。

诗人诗词

南乡子·登京口北固亭有怀

何处望神州?满眼风光北固楼。千载(古)兴亡多少事?悠悠。不尽长江滚滚流。

年少万兜鍪,坐断东南战未休。天下英雄谁敌手?曹刘。生子当如孙仲谋。

这首词是南宋词人辛弃疾的《南乡子·登京口北固亭有怀》。辛弃疾（1140—1207），字幼安，号稼轩，山东历城（今山东济南）人。22岁时举事抗金，后入农民耿京起义军中任掌书记。投归南宋后，历任湖北、湖南、江西、福建等地安抚使。在地方官任上政绩显赫，创建雄镇一方的"飞虎军"。因其一生力主抗金北伐，为妥协派所忌，淳熙八年（1181）被弹劾落职，此后长期过着闲居生活。自谓"人生在勤，当以力田为先"，于是自号"稼轩"。开禧三年（1207）病卒，享年68岁。辛弃疾一生矢志收复中原，然终未展其宏愿。遂将满腔忠愤，寄之于词。有《稼轩长短句》《稼轩词》等，存词600余首，数量、质量都堪称两宋词人之冠。作为豪放派的代表人物，其词慷慨悲壮，豪迈奔放，与苏轼并称"苏辛"。古人曾赞："稼轩者，人中之杰，词中之龙。"郭沫若曾为其撰写挽联："铁板铜琶继东坡高唱大江东去，美芹悲黍冀南宋莫随鸿雁南飞。"

《南乡子·登京口北固亭有怀》一词是辛弃疾去世前任镇江知府时所作。京口，在今江苏镇江东北，曾是三国时吴国孙权建都的地方。北固亭，位于镇江北面、长江边上的北固山上。这首词中，辛弃疾借古喻今，通过对孙权等历史人物的歌颂，表达自己渴望像古代英雄人物一样金戈铁马、为国效力的爱国情怀，其中也蕴含着志不得伸、报国无门的愤懑之情。

伟人情思

毛泽东曾说,自己对词的欣赏趣味是"偏于豪放,不废婉约"。正因如此,他特别偏爱辛弃疾的词。在他所阅读的历代词人作品中,圈画得最多的便是辛弃疾的词。对于这位他最喜爱的词人,毛泽东曾与他擦出怎样的火花呢?

● 词中挚爱

毛泽东对辛弃疾的仰慕从青年时代便开始,那时的他曾与同学一同去探访过辛弃疾在湖南任安抚使时组建"飞虎军"的"飞虎营"遗址,这种喜爱伴随了他的一生。

在毛泽东故居的藏书中,对于词这一类作品,毛泽东圈画最多的就是辛弃疾的词,约98首。1959年中华书局影印出版了四册《稼轩长短句》,毛泽东在每册的封面上,都用红铅笔进行了圈画。在书中60多首词的标题上,也做了圈画,并用黑、红两色铅笔画了不同的记号。从这些不同笔迹可以推测,毛泽东曾反复阅读此书。毛泽东在阅读辛词时,非常细致用心。在其读过的一本《词综》中,他发现其中的辛词《水调歌头·舟次扬州和杨济翁、周显先韵》有错误,《词综》里将这首词的"汉家组练十万,列舰耸层楼"一句中的"舰"

字错印为"槛",毛泽东发现后,将其改正为"舰"。

在众多的辛词中,毛泽东圈画最多的便是"偏于豪放"的这部分,而这部分词作主要抒发的是辛弃疾的爱国情怀。比如这首《破阵子·为陈同甫赋壮语以寄之》:

醉里挑灯看剑,梦回吹角连营。八百里分麾下炙,五十弦翻塞外声,沙场秋点兵。

马作的卢飞快,弓如霹雳弦惊。了却君王天下事,赢得生前身后名。可怜白发生。

这首词,毛泽东至少圈画过两遍。在一本《词综》里,他在这首词的天头上画着一个大圈,还在中间加了一点,表示重视。1975年,毛泽东在杭州时,还对身边工作人员吟诵过这首词并加以讲解。陈同甫即陈亮,南宋著名爱国词人,辛弃疾的挚友。在这首词中,作者通过梦境,回忆了早年征战沙场的军旅生涯,表达了自己渴望杀敌报国、收复失地的壮志,抒发了壮志难酬、英雄迟暮的苦闷之情。这首词在结构上打破常规,前九句为一意,末一句为另一意,前九句的酣恣淋漓,正为加重末一句的失望之情,这种艺术手法充分体现了辛词的独创精神。

再如,毛泽东手书的这首《南乡子·登京口北固亭有怀》。毛泽东也对其多次圈画和品评。1957年3月20日,毛泽东乘坐专机由南京飞往上海,飞机途经镇江上空时,触景生情,书写了这首《南乡子·登京口北固亭有怀》。写完后,向随行工作人员解释了这首词的意义和所用典故。他说"不尽长江滚滚流"是借引杜甫诗的句子,"生子当如孙仲谋"是借引曹操的话。《三国志》中曹操煮酒论英雄一节,曹操说:夫英雄者,胸怀大志,腹有良谋,有包藏宇宙之机,吞吐天地之志者也。刘备说:谁能当之?曹操以手指刘备后自指说:今天下英雄,唯使君与操耳。1975年,在北京的一次政治局会议上,毛泽东讲到孙权时,又念及这首词中的"天下英雄谁敌手?曹刘",紧接着又说,当今惜无孙仲谋。

此外,毛泽东还圈画过辛弃疾词中"不废婉约"的一部分词作。辛词中除了表达慷慨之气的爱国词作,还有一些清新秀丽之作。如《太常引·建康中秋夜为吕叔潜赋》:"一轮秋影转金波。飞镜又重磨。把酒问姮娥。被白发、欺人奈何。乘风好去,长空万里,直下看山河。斫去桂婆娑。人道是、清光更多。"毛泽东对这首词至少圈画过两遍。

宋朝刘克庄在《〈辛稼轩集〉序》中曾这样称赞过辛弃疾豪放与婉约兼备的词风:"公所作大声鞺鞳,小声铿鍧,横绝六合,扫空万古,自有苍生以来所无……其秾纤绵密者,亦不在小晏、秦郎之下。"但是,毛泽东更为偏爱的还是豪放派词作。他曾引用《四库全书总目提要》中的"慷慨纵横,有不可一世之概"来评价辛弃疾的词作。也许是辛弃疾偏于豪放的词风正与毛泽东自己的创作旨趣相吻合,因而更受毛泽东的推崇。

● 趣读活用

毛泽东乐于引用、化用辛弃疾的词,此间充满着趣味性和灵活性。

如,毛泽东发掘出了辛词中的科学思想。

1964年8月24日,毛泽东与周培源、于光远等人谈话时,曾说:

事物在运动中。地球绕太阳转,自转成日,公转成年。哥伯尼的时代,在欧洲只有几个人相信哥伯尼的学说,例如伽利略、开普勒,在中国一个人也没有。不过宋朝辛弃疾写的一首词里说,当月亮从我们这里落下去的时候,它照亮着别的地方。

毛泽东提到的辛弃疾的这首词,是《木兰花慢·可怜今夕月》:

可怜今夕月,向何处,去悠悠?是别有人间,那边才见,光影东头?是天外。空汗漫,但长风浩浩送中秋?飞镜无根谁系?姮娥不嫁谁留?

  谓经海底问无由,恍惚使人愁。怕万里长鲸,纵横触破,玉殿琼楼。虾蟆故堪浴水,问云何玉兔解沉浮?若道都齐无恙,云何渐渐如钩?

  词前小序写道:"中秋饮酒将旦,客谓前人诗词有赋待月无送月者,因用《天问》体赋。"这首词是辛弃疾仿屈原《天问》体所作的一首咏月词。它打破了历来咏月的成规,连用问句,创造性地对月发问,发前人之所未发。毛泽东所说的辛弃疾有词说"当月亮从我们这里落下去的时候,它照亮着别的地方"指的就是这首诗的开头两句。辛弃疾在开头两句中问道:今天晚上月亮西沉下去后,去了哪里?是不是有另一个人间,此时在那里刚好见到月亮从东方升起?在毛泽东看来,这两问正如哥白尼发现"地球绕太阳转"一样,是辛弃疾看到月亮由东方升起自西落下而猜测地球是圆的。王国维在《人间词话》评论此词时也说:"词人想象,直悟月轮绕地之理,与科学家密合,可谓神悟。"其意与毛泽东相近。

  毛泽东还巧妙使用辛词鼓励战士士气。

  解放战争时期,国民党胡宗南部占领延安,毛泽东等率中共中央机关和部队实行战略转移,行军非常艰苦。当时天气炎热,战士们极其疲惫,又缺乏水源。好不容易找到几株小树乘凉休息,此时刚巧迎面吹来微风，大家顿感神清气爽。毛泽东见此，便说：这里好，这里好，这里是"山路风来草木香"啊！这句"山路风来草木香"便出自辛弃疾的词作《定风波·山路风来草木香》：

> 山路风来草木香。雨余凉意到胡床。泉石膏肓吾已甚，多病，提防风月费篇章。
> 孤负寻常山简醉，独自，故应知子草玄忙。湖海早知身汗漫，谁伴？只甘松竹共凄凉。

如题所示，因马荀仲是医生，所以辛弃疾就用药名嵌入词中，邀其一起去游雨岩。词中嵌有"木香"、"雨余凉"（禹余粮）、"石膏"、"防风"、"常山"、"知子"（栀子）、"海早"（海藻）、"甘松"等多味中药，却全不露痕迹。毛泽东所引用的这句"山路风来草木香"镶嵌了中药"木香"名，描写了游雨岩时清风吹送草木芳香的自然美景。

在艰苦的行军过程中，毛泽东触景生情，能够立即联想到辛词中的这一佳句，给战士们以美的享受，借以鼓舞士气，足见毛泽东对辛词的熟悉。

借鉴辛词融入自己的诗词创作中，也是毛泽东活用辛词的一个表现。

在诗词主题上，毛泽东的一部分诗词明显受到辛词影响。比如，辛弃疾善写登临怀古之作，毛泽东也有大量此类作品，像《菩萨蛮·黄鹤楼》《忆秦娥·娄山关》《念奴娇·昆仑》《清平乐·六盘山》《浪淘沙·北戴河》等，大都是登临之作。

在诗词写法上，毛泽东也经常借鉴辛词。毛泽东在长征途中所写《十六字令三首·其二》："山，倒海翻江卷巨澜。奔腾急，万马战犹酣。"在这里，毛泽东将静态的山化为动态，巨浪的翻卷和万马的奔腾，都借以比喻群山的起伏。这种写法在辛弃疾的《沁园春·灵山齐庵赋时筑偃湖未成》中也曾出现过，词的开篇为："叠嶂西驰，万马回旋，众山欲东。正惊湍直下，跳珠倒溅；小桥横截，缺月初弓。"对比来看，毛泽东在这里可以说是借用了辛词中将山化静为动的写法，化用"万马回旋"之句，但相较于辛词，毛泽东的这首十六字令气势更胜，胸怀更广。

在化用词句上，毛泽东诗词《七律·人民解放军占领南京》中的"虎踞龙盘今胜昔"，化用的是辛词《念奴娇·登建康赏心亭呈史留守致道》中的"虎踞龙蟠何处是"；《七律二首·送瘟神》（其一）"华佗无奈小虫何"，化用的是辛词《定风波·席上送范廓之游建康》中的"人生无奈别离何"；《沁园春·雪》中的"惜秦皇汉武，略输文采；唐宗宋祖，稍逊风骚。一代天骄，成吉思汗，只识弯弓射大雕"与辛词《沁园春·答杨世长》中的"看君才未数，曹刘敌手；风骚合受，屈宋降旗。谁识相如，平生自许：慷慨须乘驷马归"也有相似之处。

毛泽东对辛词的趣读和活用，实际上也是毛泽东学以致用的读书方法与学习态度的展现。

● 晚年心曲

毛泽东喜爱辛词，晚年更是常吟辛词以遣怀。

1974年5月至1975年6月，有关部门按照毛泽东的要求选注了一些文学作品，印成大字本供其阅读，后来又为他录制了配乐古诗词。其中就有多篇辛弃疾的词作，比如《水龙吟·登建康赏心亭》《永遇乐·京口北固亭怀古》等。这些按照毛泽东的兴趣挑选的诗词和所配的乐曲，风格大多慷慨悲壮，寄托着毛泽东英雄暮年、壮心不已的情怀。其中他最喜爱听的就有方洋演唱的辛弃疾的《南乡子·登京口北固亭有怀》。

辛弃疾的词风深刻影响了其身后的一大批南宋爱国词人，这些词人也被称作"辛派词人"。而在这些大字本和配乐古诗词中，很大一部分都是这类词人的作品，比如张元幹、张孝祥、陈亮等人。他们的作品风格与辛弃疾相仿，都是抚时感事，蕴含恢复中原的理想，展露壮志难酬的情怀。

也许正是由于这些词作中所抒发的此类情感，让晚年的毛泽东更为偏爱。彼时的毛泽东依然有许多未竟的事业，然而昔日金戈铁

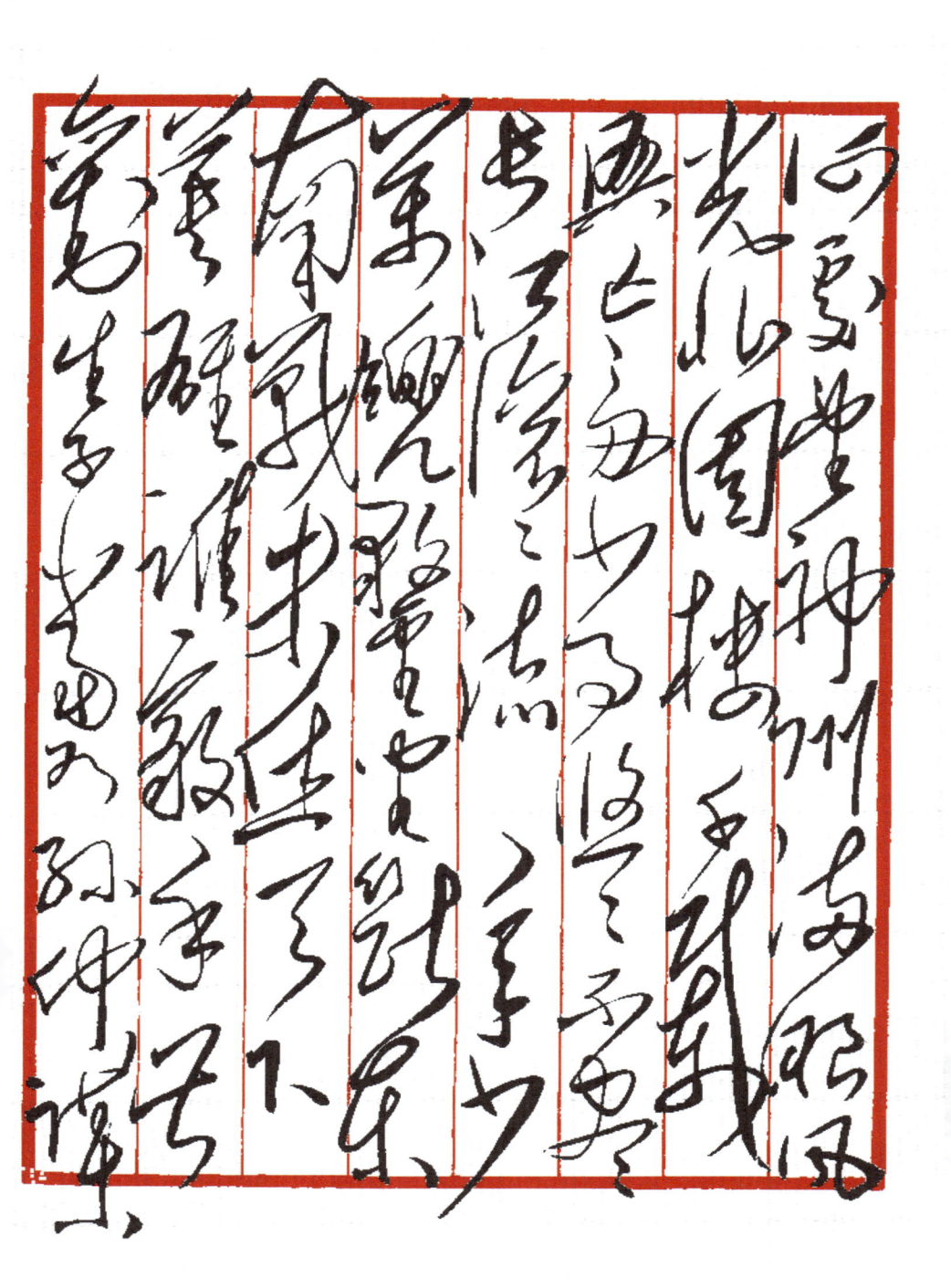

毛泽东手书辛弃疾《南乡子·登京口北固亭有怀》

马、叱咤风云的战斗岁月已成过往,"业未竟,鬓已秋"已是无法改变的事实。其中的深深遗憾,也许正是毛泽东欣赏南宋词时所产生的心灵共鸣。

在这些词作中有一首辛弃疾的《汉宫春·会稽秋风亭观雨》:

亭上秋风,记去年袅袅,曾到吾庐。山河举目虽异,风景非殊。功成者去,觉团扇、便与人疏。吹不断,斜阳依旧,茫茫禹迹都无。

千古茂陵词在,甚风流章句,解拟相如。只今木落江冷,眇眇愁余。故人书报,莫因循、忘却莼鲈。谁念我,新凉灯火,一编太史公书。

校点注释者根据毛泽东的意思,所写内容提要为:"写景咏怀之作。词中运用典故描绘秋天景象,并表现了怀念北方的爱国思想和在政治上遭受打击的悲凉情绪。篇末通过对友人的答话,表现自己不甘心于长期退隐,而积极关心政治,准备有所作为。"对下阕的译解为:"汉武帝的《秋风辞》流传千古,它的章句真是文采风流,能和司马相如的作品相比美。看到木落江冷的秋天景象,不免像屈原那样心中忧愁。老朋友来信,劝我不要忘记退隐。谁会想到,我在新凉的秋天,一灯之下,还拿着一部《史记》在研读呢?"

辛弃疾的这句"谁念我,新凉灯火,一编太史公书",或许就是毛泽东难以言说的晚年心境吧。

"他的词写得不错"
——毛泽东与萨都剌

书法赏析

此卷墨迹，风格洗练，含蓄内敛，用笔常取逆势，引而不发。"六代豪华，春去也、更无消息""王谢堂前双燕子，乌衣巷口曾相识"等，布局有序，典雅俊爽。此卷为毛泽东书法作品中独具风韵的一幅。

诗人诗词

满江红·金陵怀古

六代豪华，春去也、更无消息。空怅望，山川形胜，已非畴昔。王谢堂前双燕子，乌衣巷口曾相识。听夜深、寂寞打孤城，春潮急。

思往事，愁如织。怀故国，空陈迹。正（但）荒烟衰草，乱鸦斜日。玉树歌残秋露冷，胭脂井坏寒螀泣。到如今、只有蒋山青，秦淮碧！

这首词是元代词人萨都剌的作品《满江红·金陵怀古》。萨都剌（1300—1355），字天锡，号直斋，回族，元代诗人、词人。其生于雁门（今山西代县），泰定四年（1327）中进士，应奉翰林文字，后擢南台御史，累迁江南行台侍御史，晚年寓居杭州。有《雁门集》等作品。清代评论家评其诗"清而不佻，丽而不缛，真能于袁、赵、虞、杨之外别开生面者也"。

这首《满江红·金陵怀古》大约作于至顺三年（1332），萨都剌任江南诸道行御史台掾史并移居金陵期间。六朝古都金陵作为"江南佳丽地"，历来是词人怀古的对象。萨都剌的这首词也是借吟咏古都金陵抒发物是人非、繁华易尽、人世无常的历史沧桑感。

伟人情思

萨都剌以诗著称，其留下的诗作有800余首，而词作仅有15首。后世人们关注和研究的也多是其诗歌而非词作。然而，毛泽东似乎对萨都剌仅存的这15首词更感兴趣，不仅对它们十分熟悉，而且还给予了高度认可。

● 一段详细的解读

毛泽东喜读诗词,但其对于诗词的评批往往言简意赅,很少过多论述。然而,他却曾对萨都剌的一首词发表过一段详细的评说与解读。这件事,发生在 1957 年 3 月 19 日毛泽东乘坐专机从徐州飞往南京的途中。

也许是古城徐州的历史风貌给毛泽东留下了深刻印象,这一日,在飞往南京的途中,毛泽东在与随行的秘书林克聊天时,问起他是否读过元代萨都剌的词作《木兰花慢·徐州怀古》,林克表示没有读过。毛泽东随即用铅笔在林克交来的一本小书的扉页和正文边角处写下了这首词:

古徐州形胜,消磨尽,几英雄。想铁甲重瞳,乌骓汗血,玉帐连空。楚歌八千兵散,料梦魂,应不到江东。空有黄河如带,乱山回合云龙。

汉家陵阙起秋风,禾黍满关中。更戏马台荒,画眉人远,燕子楼空。人生百年如寄,且开怀,一饮尽千钟。回首荒城斜日,倚栏目送飞鸿。

根据林克回忆,毛泽东在写完这首词后,便讲解起它。毛泽东说，这首词的作者萨都剌是蒙古人，出生在山西雁门一带，这首词词牌叫"木兰花慢"，原题是《彭城怀古》，彭城就是古徐州，也是那个传说活到八百岁的彭祖的家乡。

介绍完词的题目与作者之后，毛泽东继续向林克讲解起这首词中运用的典故。

"想铁甲重瞳，乌骓汗血，玉帐连空"一句，毛泽东解释道："重瞳指的是西楚霸王项羽，司马迁《史记》中提及项羽其貌不凡，铁马重瞳。他的坐骑叫乌骓。起初兵多势大，可惜有勇无谋，不讲政策，丧失人心。最后'玉帐帘空'，兵败垓下，自刎乌江。"说到这里，毛泽东随即又在这本小册子其中一页的下角写下"项羽重瞳，犹有乌江之败；湘东一目，宁为赤县所归"，并解释说："湘东一目，指的是梁武帝年间的湘东王萧绎，他幼年瞎了一只眼，后来好学成才，平定侯景之乱，即位江陵。"

"更戏马台荒，画眉人远，燕子楼空"一句，毛泽东解释说："'戏马台'原是项羽阅兵的地方，刘裕北伐时也曾在此大会将校宾客，横槊赋诗，气势如澜。'画眉人'用的是西汉张敞的故事。此人直言敢谏。'燕子楼'为唐朝驻徐州节度使张音所建。张音袭父职驻节徐州，结识彭城名姬关盼盼，收娶为妾。关歌舞双绝，尤工诗文。张死后归葬洛阳，盼盼恋张旧情，独守空楼十余年。小楼多燕子，故名燕子楼。诗人白居易过徐州，因此故事写了一首七绝：'满窗明月满帘霜，被冷灯残拂卧床。燕子楼中霜月夜，秋来只为一人长。'"

讲解完这些生僻的典故之后，毛泽东又对这首词作了一个整体的评价，他说："萨都剌写了这些有关徐州的典故，吊古伤今，感慨人生，大有英雄一去不复返，此地空余乱山川的情调。初一略看，好似低沉颓唐，实际上他的感情很激烈深沉。"毛泽东的这一评价，显然是看到了这首词所蕴含的深刻思想与浓烈情感。

这首词是萨都剌在元文宗至顺三年（1332）春三月路过徐州时所作。徐州是古代的战略要地，这首词抒发的便是怀古之忧思。上阕开篇即点题，徐州形胜使作者触景生情，通过缅怀曾建都于此的项羽，抒发沧桑兴亡之感；下阕用刘裕、张敞、张音、关盼盼等典故，书写时代变迁，到这里似乎都是"低沉颓唐"的氛围。然而，作者转而写"人生百年寄，且开怀，一饮尽千钟。回首荒城斜日，倚栏目送飞鸿"，借开怀饮酒，目送归鸿，淡看人生百年如寄，其表达的情感复杂沉重，即毛泽东所说的"实际上他的感情很激烈深沉"。

毛泽东不仅随手默写出萨都剌的词作，还就这首词所涉及的词人、典故、历史、主旨等进行了详细的解读与评价。从中不仅可以看出毛泽东对徐州历史的深入了解，更可以看出毛泽东对萨都剌词作的熟悉程度。

● 一句肯定的评价

正是在解读这首《木兰花慢·彭城怀古》的时候，毛泽东给予了萨都剌词作一句肯定的评价。毛泽东说："他的词写得不错，大有英雄豪迈、博大苍凉之气。"

有元一代，毛泽东最喜爱萨都剌诗词，尤其是他的词作。在萨都剌仅存的 15 首词中，毛泽东就圈画过《满江红·金陵怀古》《小阑干·去年人在凤凰池》《念奴娇·登石头城次东坡韵》《木兰花慢·彭城怀古》《酹江月》（二首）《水龙吟·赠友》等。

萨都剌是一位关心时政、充满忧患意识的正直文人。其留传下来的词作充满着对社会现实的关心，审视历史的兴废之感始终是其词作的主基调。在其词作中，数量最多的就是怀古词，这些词作表现出的思想深度和所达到的艺术境界足以代表萨都剌词作的最高水平。

在中国古代文学史上，怀古词以其独特的理性反思和苍凉的历史美感，丰富了文学的内涵。萨都剌的怀古词，以带有哲思式的观照，对历史和现实作出了睿智而精深的概括。元代社会，种族歧视、民族压迫空前残酷，农民起义此起彼伏，宫廷倾轧触目惊心，大一统的元代政权处在随时可能倾覆的危殆局势中。对此，萨都剌的认识是清楚的。于是，诗人的忧思，便借怀古词而得以抒发。在时空

毛泽东手书萨都剌《满江红·金陵怀古》

的变化、朝代的更迭、人世的沧桑中，表达着他对于社会现实的深重忧虑。

毛泽东最欣赏的也是萨都剌的这类怀古词作。除了上文中提到的《木兰花慢·彭城怀古》，毛泽东还十分喜爱其手书过的这首《满江红·金陵怀古》。在其暮年爱听的配乐古诗词中，也有岳美缇演唱的这首词。

《满江红·金陵怀古》上阕通过写景，论及金陵作为六朝古都的历史一去不复返，面对这山川之景，油然而生兴亡之感。"王谢堂前双燕子，乌衣巷口曾相识。听夜深、寂寞打孤城，春潮急"，巧妙化用了前人的诗句：一为唐代刘禹锡的"朱雀桥边野草花，乌衣巷口夕阳斜。旧时王谢堂前燕，飞入寻常百姓家"；二为刘禹锡的诗歌"山围故国周遭在，潮打空城寂寞回"；三为唐代韦应物的"春潮带雨晚来急"。下阕以"思往事，愁如织。怀故国，空陈迹"承上启下，描述"荒烟衰草，乱鸦斜日"的凄凉之景，暗喻元朝国势日衰。"玉树歌残秋露冷，胭脂井坏寒螀泣"用陈后主陈叔宝典故，以陈朝灭亡的始末作为六朝衰亡的典型，表明六代之所以繁华成空，皆是因为统治阶级的腐化堕落。末句转折，"到如今、惟有蒋山青，秦淮碧"，由历史到现实，以景作结，意蕴悠长。这首词是萨都剌怀古词中的佳作。

萨都剌的一生，尽管始终在下层官僚的处境中度过，却始终没有像当时许多文人那样弃官归隐。他总是站在时代的高度上，书写苍凉磅礴的怀古诗词，其所体现出的敏锐洞察力和深刻的历史预见性，令人钦佩。这些构成了萨都剌词的思想核心与精髓，因而其词作展现出毛泽东所谓"英雄豪迈、博大苍凉之气"，这也是一位进步文人忧世伤时的积极人生观的具体体现。

● 一次巧妙的引用

毛泽东曾经在一篇政论文章中，巧妙地引用过萨都剌词中的名句。

1949年初，在人民解放军即将发动渡江战役之际，国民党请求与共产党展开和谈。谈判之时，毛泽东为新华社连续撰写了六篇评论：《评战犯求和》《四分五裂的反动派为什么还要空喊"全面和平"？》《国民党反动派由"呼吁和平"变为呼吁战争》《评国民党对战争责任问题的几种答案》《南京政府向何处去？》《蒋介石李宗仁优劣论》，《毛泽东选集》收入了前五篇。这些文章是毛泽东为揭露国民党妄图利用和平谈判来保存反革命势力的一系列评论。其中，在2月15日发表的《四分五裂的反动派为什么还要空喊"全面和平"？》一文中，毛泽东这样写道：

国民党反动统治崩溃的速度，比人们预料的要快。现在距离解放军攻克济南只有四个多月，距离攻克沈阳只有三个多月，但是国民党在军事上、政治上、经济上、文化上的一切残余力量，却已经陷入不可挽救的四分五裂、土崩瓦解的状态。……蒋介石在奉化仍然以"在野地位"继续指挥他的残余力量，但是他已丧失了合法地位，相信他的人已愈来愈少。孙科的"行政院"自动宣布"迁政府于广州"，它一面脱离了它的"总统""代总统"，另一面也脱离了它的"立法院""监察院"。孙科的"行政院"号召战争，但是进行战争的"国防部"却既不在广州，也不在南京，人们只知道它的发言人在上海。这样，李宗仁在石头城上所能看见的东西，就只剩下了："天低吴楚，眼空无物"。李宗仁自上月二十一日登台到现在下过的命令，没有一项是实行了的。

在这段文字中，毛泽东揭露了下野的蒋介石实际上依然在幕后指挥，"代总统"李宗仁并无实权的真相。在描述李宗仁登临金陵城目之所及时，引用的"天低吴楚，眼空无物"，便出自萨都剌的《念奴娇·登石头城次东坡韵》：

石头城上，望天低吴楚，眼空无物。指点六朝形胜地，惟有青山如壁。蔽日旌旗，连云樯橹，白骨纷如雪。一江南北，消磨多少豪杰。

  寂寞避暑离宫，东风辇路，芳草年年发。落日无人松径里，鬼火高低明灭。歌舞尊前，繁华镜里，暗换青青发。伤心千古，秦淮一片明月！

  这也是萨都剌的一首怀古词。"石头城"为南京古称，诗人以一组富有悲剧意味的意象，展现了登临石头城所见的荒凉残败。全词格调苍凉，通过今昔对比，感慨繁华易逝，抒发吊古伤今的情怀。开篇的这句"石头城上，望天低吴楚，眼空无物"引领全词。"天低"描述眺望之遥远，"吴楚"描述写地域之辽阔，此句写诗人登临石头城，所望已空无所有。这三句欲抑先扬，自然地过渡到后面对六代繁华衰竭的叙写上去。

  毛泽东在文章中，引用这句"天低吴楚，眼空无物"写李宗仁在南京城上所见，实际上写出的是国民党的反动统治此时此刻已陷于众叛亲离、土崩瓦解的绝境，李宗仁在南京城上只能看到空空荡荡的吴楚低天。毛泽东借此句来反映当时南京政府茕茕孑立、萧条败落的局面，是十分贴切的。

  毛泽东为新华社连续写的这六篇评论，都是针对时局情况所发表的富有针对性的议论。为报刊撰写评论、社论，是毛泽东擅长并且长期坚持的。其撰写评论文章一个很重要的特点，就是注重选题立论的迫切性和针对性。一方面，毛泽东重视正面宣传，凡是遇到重大战役的胜利、重要政策的出台、重大事件的出现、重要任务的提出等，毛泽东都会根据政治上和宣传上的需要及时亲自撰写或组织有关人员撰写评论，以帮助人们提高认识，统一思想，鼓舞士气；另一方面，毛泽东也重视批判驳斥，通过释疑解惑、批驳论敌、褒贬评析等途径达到辨明是非、引导舆论的目的。这六篇针对国共谈判所撰写的评论文章，就是典型代表。

从详细的文学解读到政论文中的巧妙运用，萨都剌这样一位并不以词见著于世的古代文人，却因词受到毛泽东的赏识，不可不说这便是历史与文学之间的有趣之处。

"明朝最伟大的诗人"
——毛泽东与高启

书法赏析

此卷所书诗词为一首七律,而毛泽东却以整整六页纸书之,这在其书法作品里可谓宏幅巨制,不可多得。全卷意连形牵,气势贯通。尤其是末句"几回开"三字,"几"字为狂草,"回"字似小篆,"开"字提顿错落、细中见筋,三字融方圆为一体,气韵兼备。毛泽东在此卷开篇写下:"高启,字季迪,明朝最伟大的诗人。""高启"二字雄健有力,几乎占据了三分之一的纸张,毛泽东还特意在"伟大的"三字旁画下波浪线以示强调,足见对其人的欣赏。

诗人诗词

高启,字季迪,明朝最伟大的诗人。

梅花九首之一

琼姿只合在瑶台,谁向江南处处栽。
雪满山中高士卧,月明林下美人来。

寒依疏影萧萧竹，春掩残香漠漠苔。
自去何郎无好咏，东风愁寂几回开。

毛泽东

一九六一年十一月六日

　　这首诗是明朝诗人高启所作《梅花九首》中的一首。高启（1336—1374），字季迪，号槎轩，自号青丘子，与刘基、宋濂并称"明初诗文三大家"，又与杨基、张羽、徐贲并称为"吴中四杰"。其为人耿介正直，不慕功名。明洪武元年（1368）应召撰修《元史》，受到朱元璋赏识，复命教授诸王。洪武三年（1370）朱元璋拟任其为户部右侍郎，固辞不受，赐百金放还故里。后因为苏州知府魏观复修府治旧基（原为张士诚宫址）而写《上梁文》，惹怒朱元璋，被腰斩于市，年仅39岁。诗风清新秀逸，有《高太史大全集》《槎轩集》《缶鸣集》等。

　　《梅花九首》是高启创作的关于梅花的组诗。这九首梅花诗，描绘出梅花孤独高傲的品格，怜梅惜梅却不凄凉哀怨。被前人誉为"飘逸绝群，句锻字炼"。毛泽东手书的这第一首，以瑶台仙姿歌其超凡脱俗，以高士美人赞其高洁孤傲，以疏影残香怜其淡泊自爱，突出了梅花高洁坚贞的精神。

伟人情思

高启擅为诗,但因死于壮年,其诗作还未自成一派,没有能够在中国文学史上留下较为闪耀的光辉。但这颗"遗珠"却为毛泽东所发现,被毛泽东评价为"明朝最伟大的诗人"。那么毛泽东与这位他心中明朝最伟大的诗人之间又有怎样的故事呢?

● 手书圈画高启诗

毛泽东曾认为有明一代,是没有好的诗歌的,直到他发现高启。1957年1月14日,毛泽东在同臧克家和袁水拍谈诗歌创作问题时说:

我过去以为明朝的诗没有好的。《明诗综》没有看头,但《明诗别裁》有些好诗。明朝的诗里面,李攀龙、高启等人有些好诗。

毛泽东认为,李攀龙和高启的一些诗歌是明朝诗歌中的好诗。而对于高启诗歌,他曾多次圈画与手书。毛泽东曾圈画并手书过高启的《送沈左司从汪参政分省陕西汪由御史中丞出》《送叶判官赴高唐时使安南还》《吊岳王墓》等诗作,圈画过《悲歌》《忆昨行寄吴中故人》《凉州曲》等。特别是这首《送沈左司从汪参政分省陕西汪由御史中丞出》,毛泽东曾手书过五次,其中两次手书全诗,三次手书"函关"一联。这首诗全诗为:

> 重臣分陕去台端,宾从威仪尽汉官。
> 四塞河山归版籍,百年父老见衣冠。
> 函关月落听鸡度,华岳云开立马看。
> 知尔西行定回首,如今江左是长安。

这是一首送别诗。洪武二年(1369),御史中丞汪广洋出任陕西参政,高启的朋友左司郎中沈某从行,于是高启作此诗送别。诗作气势浑厚,潇洒大气,不仅表达了送别的用意,而且透露出国家和平、统一的气象。

在高启的诗作中,还有一篇较为特别的作品《青丘子歌》,可以看作是他的微型自传:

江上有青丘,予徙家其南,因自号青丘子。闲居无事,终日苦吟,间作《青丘子歌》言其意,以解诗淫之嘲。青丘子,臞而清,本是五云阁下之仙卿。何年降谪在世间,向人不道姓与名。蹑屩厌远游,荷锄懒躬耕。有剑任锈涩,有书任纵横。不肯折腰为五斗米,不肯掉舌下七十城。但好觅诗句，自吟自酬赓。

田间曳杖复带索，傍人不识笑且轻，谓是鲁迂儒、楚狂生。青丘子闻之不介意，吟声出吻不绝咿咿鸣。朝吟忘其饥，暮吟散不平。当其苦吟时，兀兀如被酲。头发不暇栉，家事不及营。儿啼不知怜，客至不果迎。不忧回也空，不慕猗氏盈。不惭被宽褐，不美垂华缨。不问龙虎苦战斗，不管乌兔忙奔倾。

向水际独坐，林中独行。斫元气，搜元精，造化万物难隐情，冥茫八极游心兵，坐令无象作有声。微如破悬虱，壮若屠长鲸，清同吸沆瀣，险比排峥嵘。霭霭晴云披，轧轧冻草萌。高攀天根探月窟，犀照牛渚万怪呈。妙意俄同鬼神会，佳景每与江山争。星虹助光气，烟露滋华英。听音谐韶乐，咀味得大羹。世间无物为我娱，自出金石相轰铿。

江边茅屋风雨晴，闭门睡足诗初成。叩壶自高歌，不顾俗耳惊。欲呼君山老父，携诸仙所弄之长笛，和我此歌吹月明。但愁欻忽波浪起，鸟兽骇叫山摇崩。天帝闻之怒，下遣白鹤迎。不容在世作狡狯，复结飞佩还瑶京。

这首诗的开篇，诗人便介绍自己"本是五云阁下之仙卿。何年降谪在世间"，不肯为五斗米折腰去当官，也不肯花言巧语地游说于贵人之前，而是以吟诗为乐。接着用一大段文字描述自己苦吟中的状态，如"朝吟忘其饥，暮吟散不平。当其苦吟时，兀兀如被醒。头发不暇栉，家事不及营"等。诗人不担忧像颜回那样贫困，也不羡慕像猗顿那样巨富。诗人在这样一种创作状态中，心游八极，细微处如破虱虫，宏大处如屠长鲸，如探月窟，如见万怪。种种难以言说的滋味，只有自己知晓。最后诗人说自己作的诗"鸟兽骇叫山摇崩"，结果天帝恼怒，下遣白鹤将他接回天上。其中，"叩壶自高歌，不顾俗耳惊。欲呼君山老父，携诸仙所弄之长笛，和我此歌吹月明"等句旷达豪迈，恣意洒脱。

这首长诗所表现出的不为功名礼法所束缚、自在肆意的品性，以及磅礴跌宕、神韵飞扬的风格，都似乎有太白遗风。事实上，高启的思想、为人以及诗风都与李白有相似之处，而毛泽东对李白的偏爱也许也是他喜爱高启的一个原因。

● 一日三寻"梅花诗"

毛泽东与高启之间，还有一则一日三寻"梅花诗"的故事。

1961年11月6日一大早，毛泽东一连给秘书田家英写了三个便条，内容都是请求帮助查找一些咏梅花的诗作。

早六时，毛泽东写了第一个便条：

田家英同志：

  请找宋人林逋（和靖）的诗文集给我为盼，如能在本日下午找到，则更好。

  林逋，字君复，世称和靖先生，宋朝著名隐逸诗人。他一生不慕荣华，隐居西湖孤山二十年，以种梅养鹤自娱，后人称其为"梅妻鹤子"。其诗歌大都反映隐逸生活和闲适心情，其中《山园小梅》被誉为"咏梅诗之最"，"疏影横斜水清浅，暗香浮动月黄昏"更是传诵千古的名句。毛泽东很喜欢林逋的诗文，不仅手书过这首《山园小梅》，还曾到杭州的孤山凭吊过林逋的遗迹。

  八时半，他又写了第二个便条给田家英：

  有一首七言律诗，其中两句是："雪满山中高士卧，月明林下美人来"，是咏梅的，请找出全诗八句给我，能于今日下午交来最好。何人何时写的，记不起来，似是林逋的，但查林集没有，请你再查一下。

  原来，此前毛泽东要田家英帮他找寻林逋的诗集，是为了查找一首与梅花相关的诗歌。毛泽东在查阅林逋集子之后，发现并没有自己想要找的这首诗。接着，他又补写了第三个便条：

又记起来，是否清人高士奇的。前四句是：琼姿只合在瑶台，谁向江南处处栽。雪满山中高士卧，月明林下美人来。下四句忘了。请问一下文史馆老先生，便知。

这一次，毛泽东回忆起了这首诗的前四句，并隐约记得是清人高士奇之作。根据毛泽东的记忆，后来这首诗的出处被查了出来，原来是明代高启《梅花九首》的第一首。得到原诗的毛泽东很兴奋，便于当日手书了这首他喜爱的诗歌，并题写了"高启，字季迪，明朝最伟大的诗人"，正是本文开篇中的这幅手书。

在这首诗中，高启写道，梅花本应是仙家之物，移落人间，有资格陪伴她的只能是那山中无意功名、品性高洁的隐士，还有那清淡朴素、善解人意的美女。而自从南朝诗人何逊逝去之后，再没有人能为她写出好的诗篇，多少回花开花落，只能愁对东风，寂寥无限。高启的这九首梅花诗，首首读来都突出着梅花孤洁高傲的特点，而非顾影自怜、暗自神伤之态。

毛泽东之所以急寻这首梅花诗，究竟是何原因呢？

● 创作自己的"梅花诗"

实际上，毛泽东之所以要寻找高启的"梅花诗"，与这段时间他正在酝酿一首自己的"梅花诗"有关。

1961年的冬天，中国正面临着十分严峻的内外环境，内有三年自然灾害等原因造成的困难，外有美苏霸权主义的施压。寒冷的自然环境似乎也成了社会环境的反映，更容易让人联想到傲雪斗霜的梅花。于是，毛泽东便开始了自己的创作。

为了写好这首梅花诗，毛泽东参阅了中国古人很多咏梅的诗篇，其中不仅包含高启的这首，也包括南宋陆游那首著名的《卜算子·咏梅》：

驿外断桥边，寂寞开无主。已是黄昏独自愁，更著风和雨。
无意苦争春，一任群芳妒。零落成泥碾作尘，只有香如故。

12月，毛泽以同样的词牌写下了自己的《卜算子·咏梅》：

风雨送春归，飞雪迎春到。已是悬崖百丈冰，犹有花枝俏。
俏也不争春，只把春来报。待到山花烂漫时，她在丛中笑。

词的前面，毛泽东特别写明："读陆游咏梅词，反其意而用之。"词写好后，毛泽东将其以文件的形式批给在京参加中央工作会议的同志阅看。他还将陆游的原词附在后面，加写了一个说明：

作者北伐主张失败，皇帝不信任他，卖国分子打击他，自己陷于孤立，感到苍凉寂寞，因作此词。

对比这两首《卜算子·咏梅》，我们不难理解毛泽东所谓的"反其意而用之"。在陆游的原词里，梅花虽然保持着高洁的品性，但它是愁苦自怜的，在寂寞的断桥边，在黄昏的风雨中，独自开落。词虽然意境悠远，但格调还是凄清无奈的。再看毛泽东的这首词，梅花的形象明显积极、清新、靓丽、活泼起来。在飞雪的冬季，在冰冷的崖边，梅花依然俏丽动人，它们无须在春天争艳，因为春天到来的时候，它自有信心傲视群芳。显然，毛泽东要表达的是在艰难环境中勇敢坚持，对未来充满信心的力量与精神。从这一点上看，毛泽东确实在陆游原作的基础上翻出了新意，塑造了一个全新的梅花形象，比前人的作品立意更高，角度更新，气魄更大。

事实上，毛泽东在这首诗中融入了自己的政治情怀，他要在当时艰难的环境下鼓舞民族士气。他在大约半月后的1月12日写给康生的信中非常明白地表达了这种创作意图：

近作咏梅词一首，是反修正主义的，寄上请一阅。并请送沫若一阅。外附陆游咏梅词一首。末尾的说明是我作的，我想是这样的。究竟此词何年所作，主题是什么，尚有待于考证。我不过望文生义说几句罢了。

1962年2月,毛泽东又将这首刚写好的咏梅词,亲手抄录了一幅送给再次步入婚姻殿堂的刘松林。刘松林在毛岸英牺牲12年后,终于与空军学院的教员杨茂之结为夫妻。看到刘松林再次走进婚姻的殿堂,毛泽东十分欣慰,这首词中蕴含的希望与光亮寄托着毛泽东深深的祝福。

后来,郭沫若在《待到山花烂漫时》一文中也对这首词的写作背景和主旨作了阐释:

主席的词写成于一九六一年十一月,当时是美帝国主义和他的伙伴们进行反华大合唱最嚣张的时候,这也就是"已是悬崖百丈冰"的时候。在这样的时候,我们的处境好像很困难,很孤立,不从本质上来看问题的人便容易动摇。主席写出了这首词来鼓励大家,首先是在党内传阅的,意思就是希望党员同志们要挚得着,首先成为毫不动摇、毫不害怕寒冷的梅花,为中华人民做出好榜样。斗争了两年,情况逐渐好转了,冰雪的严威逐渐减弱了,主席的诗词才公布了出来。不用说还是希望我们继续奋斗,使冰雪彻底解冻,使山花遍地烂漫,使地上永远都是春天。

在了解了毛泽东这首《卜算子·咏梅》的主旨和精神之后，我们再回头看毛泽东急寻的高启的这首咏梅诗，可以发现，高启的这首诗与陆游诗有明显不同。高启写梅之高贵，孤傲而不哀怨，正与毛泽东在《卜算子·咏梅》中所表达的情绪有相似之处。以毛泽东当时创作咏梅诗的心境来说，自然更加欣赏高启诗中透露的"梅之精神"。由此，也就不难理解毛泽东在得到这首咏梅诗之后，为何评价高启为"明朝最伟大的诗人"了。

　　另外，值得关注的是，毛泽东的这首《卜算子·咏梅》，全词无一"梅"字出现，却无不在写"梅"。而翻看高启的九首梅花诗，亦是首首不见"梅"字，不知这是巧合还是毛泽东对高启诗的有意借鉴？

　　从一首诗到一个人，毛泽东总是善于从浩瀚的历史烟尘中发掘出那常常为人忽略的人与事。这一点，是值得今天很多的专业研究者去学习与借鉴的。

"我劝马列重抖擞,不拘一格降人才"
——毛泽东与龚自珍

书法赏析

此卷非毛笔书就,而为硬笔书法之作。用笔干净利落,自然随性,可清晰展现毛泽东的日常笔迹,也是毛泽东日常默写诗歌的重要记录。

诗人诗词

龚定庵诗一首

(此诗我曾引用过)

艾思奇最近发表了我们应当歌颂风雷一文。

九州生气恃风雷,万马齐喑究可哀。

我劝天公重抖擞,不拘一格降人材(才)。

这首诗是清代龚自珍的《己亥杂诗》。龚自珍(1792—1841),字璱人,号定盦或定庵,清代思想家、文学家和改良主义的先驱者。

他的仕途并不顺利，其一生的政治理想就是能够革除社会弊病，然而其政治主张并不为当政者所采纳，最终只能沉居下僚。1839 年，48 岁的龚自珍辞官南归，也正是在归途中，他写下了著名的《己亥杂诗》，共 315 首。毛泽东手书的这首恰是其中的代表作。

龚自珍曾为这首诗作过自序："过镇江，见赛玉皇及风神、雷神者，祷词万数。道士乞撰青词。"青词，是道教中道士在祭神时献给天神的祝文，因用青藤纸写就，故称为青词。从序中可以看出，龚自珍途经镇江，看到了祭祀道教天神玉皇、风神、雷神的活动，应道士之求而写下这首诗。然而，这首诗的真正意涵远非如此简单。龚自珍正是借撰写这一青词抒发自己的心中意气。他表达的是对清王朝上上下下一片晦暗无声的不满，对统治者限制选用人才的愤懑，他希望"大风大雷"的出现，震响天地，荡涤污浊，让社会焕发出生机勃勃的景象，让人才自由而充满活力地生长。

伟人情思

毛泽东喜爱引古论事，然而以不同方式、从不同角度多次引用同一首古诗则并不多见。而龚自珍所写的这首《己亥杂诗》，却出人意料地被毛泽东使用过三次。

那么，毛泽东究竟是以哪三种不同方式、从怎样的不同角度引用这首诗歌的？又分别借此表达了什么意蕴呢？

● **改动诗句：阐发"党性与个性问题"**

　　毛泽东第一次引用《己亥杂诗》，是对这首诗的诗句进行了改写，借以阐述问题。

　　1945年5月31日，毛泽东在党的七大上作结论报告，讲到"党内若干思想政策问题"中的"党性和个性问题"时，引用了龚自珍这首诗的后两句，他说：

> 在我们党领导的解放区，不仅社会上的人都有人格、独立性和自由，而且在我们党的教育下，更发展了他们的人格、独立性和自由。这个问题，马克思在《共产党宣言》里讲得很清楚，他说："每个人的自由发展是一切人的自由发展的条件。"不能设想每个人不能发展，而社会有发展，同样不能设想我们党有党性，而每个党员没有个性，都是木头，一百二十万党员就是一百二十万块木头。这里我记起了龚自珍写的两句诗："我劝天公重抖擞，不拘一格降人才。"在我们党内，我想这样讲："我劝马列重抖擞，不拘一格降人才。"不要使我们的党员成了纸糊泥塑的人，什么都是一样的，那就不好了。其实人有各种各样的，只要他服从党纲、党章、党的决议，在

这个大原则下，大家发挥能力就行了。讲清楚这一点，对于党的进步，对于全体党员积极性的发挥是会有好处的。

党的七大是中国共产党历史上具有特殊意义的一次大会。这次大会是在抗日战争即将胜利的前夜，也是决定中国命运的关键时刻召开的。大会系统总结了中国革命的基本经验，为争取抗日战争的最终胜利以及后来新民主主义革命的胜利奠定了政治和思想基础。在这次会议上，毛泽东作了著名的《论联合政府》的政治报告，为中国的前途命运指明了道路；也是在这次大会上，毛泽东思想被正式写入党章。

正是在这样一次重要的大会上，毛泽东引用并改写了龚自珍的诗句，从党性与个性的关系角度赋予了其新的含义。这句诗原本是希望朝廷能够不拘一格地选拔任用人才，而毛泽东在这里说"我劝马列重抖擞"，则是强调在我们党内，要不拘一格地选用人才，希望党员在坚定党性的同时，也能够保有自己的个性。

关于党性与个性的关系问题，毛泽东非常重视，他在党的七大上曾经进行过两次专门论述。4月24日，大会第二天，毛泽东在向大会作口头政治报告时，讲到三个问题：路线问题、政策方面的几个问题、关于党内的几个问题。在关于党内的几个问题中，毛泽东一上来就谈了个性与党性的关系问题；而在5月31日的结论报告中，毛泽东又再次提到了这个问题。

毛泽东之所以在党的七大上两次讲到党性与个性的关系问题，既是为了纠正一些人所认为的共产党要消灭个性、只留党性的错误观点，也是为了在这个特殊的历史时刻，增强党内的向心力和凝聚力，鼓舞与砥砺党员们共同为民族独立和解放而奋斗。

毛泽东对于党性与个性关系的认知，独特而深邃，主要体现在以下三个方面。

其一，站在全民族独立的角度去看待党性与个性的关系问题。毛泽东认为："中国如果没有独立就没有个性，民族解放就是解放个性，政治上要这样做，经济上要这样做，文化上也要这样做。广大群众没有清楚的、觉醒的、民主的、独立的意识，是不会被尊敬的。"在党内、在解放区，人民有了比较充分的自由，有独立性和个性。而在封建制度下，人民没有人格、没有自由、没有独立性、没有个性。他说："人民有人格，我们党也就有，人民都没有，我们党哪里会有呢？我们要向党员进行教育，使他们自觉，懂得社会上还有很多人没有人格，没有自由，要为他们的自由而奋斗。"民族独立、人民个性、党性三者之间紧密相连、不可分割，毛泽东的这一看法，已经超越了一般意义上所谓的"个性"，而是站位更高远，思考得更深入。

其二，从辩证法的角度去看待党性与个性的关系问题。毛泽东认为,党性与个性的关系问题就是普遍性与特殊性的关系问题:"党性就是普遍性,个性就是特殊性。没有一种普遍性不是建筑在特殊性的基础上的。没有特殊性哪里有普遍性?没有党员的个性,哪里有党性?……党员是有各种不同的个性,谁要抹煞各种不同的个性是不行的。抹煞各种差别,结果就会取消统一,抹煞特殊性也就没有统一性。"正是由于党性和个性之间是普遍性与特殊性的关系,所以才能够"我劝马列重抖擞",从而"不拘一格降人才",在坚持党性的大原则下,充分发挥党员的主动性、积极性、创造性。

其三,对两种不同性质的个性进行了具体区分。毛泽东认为,有两种个性,即创造性的个性和破坏性的个性。创造性的个性同党性是完全统一的,而破坏性的个性则是个人主义的、把个人利益放在第一位的,是与党性相背离的。我们要发展创造性的个性而反对破坏性的个性,要使"许多自觉的个性集中起来,对一定的问题、一定的事情采取一致的行动、一致的意见,有统一的意志,这是我们的党性所要求的"。他就此举例说,有些人所谓的"发展个性",实际上是主张:我们拥护新民主主义,就必须有另外一批人反对新民主主义,才算是发展个性;我们主张打日本,就一定要有另外一批人反对打日本,才算是发展个性;我们反对汪精卫,就一定要有一批人拥护汪精卫,才算是发展个性。这种发展个性,是我们坚决反对的。他针对当时党内的情况特别指出:"整风中有党性,也有个

龚定庵诗一首（此诗我曾引用过）

九州生气恃风雷，
万马齐喑究可哀。
我劝天公重抖擞，
不拘一格降人材。

毛泽东手书龚自珍《己亥杂诗·九州生气恃风雷》

性；生产工作中有党性，也有个性；军事工作中有党性，也有个性；政府工作中有党性，也有个性；任何一项凡是我们要做的工作和事情中都有党性，也有个性。这种个性必须是与党性统一的。"毛泽东对两类不同性质的个性的区分，有助于廓清党内关于党性与个性关系问题的疑惑，也表明了我们党对党性与个性关系问题所持的鲜明态度。

● **引用全诗：激发人民进行社会主义建设的主动性**

第二次引用这首诗的时候，毛泽东选择了引用全诗。

1958年4月15日，毛泽东在看了河南封丘县委《一个苦战二年改变了面貌的合作社》的报告后，写了一篇《介绍一个合作社》的文章，在这篇文章中他完整地引用了龚自珍这首诗。文中写道：

> 清人龚自珍诗云："九州生气恃风雷，万马齐喑究可哀。我劝天公重抖擞，不拘一格降人材。"大字报把"万马齐喑"的沉闷空气冲破了。我现在向全国七十几万个合作社的同志们，以及城市里的同志们推荐一个合作社。这个合作社位于河南省封丘县，叫做应举社，很有些发人深省的东西。中国劳动人民还有过去那一副奴隶相么？没有了，他们做了主人了。中华人民共和国九百六十万平方公里上

面的劳动人民，现在真正开始统治这块地方了。

毛泽东在这里提到的合作社指的是河南省封丘县应举农业生产合作社。应举社所在的地方自然条件十分恶劣，常年遭受自然灾害，历史上逃荒要饭、卖儿卖女的现象十分突出。1956 至 1957 年，应举社社长崔希颜和党支部书记崔若谷带领全社社员开展生产自救，战胜自然灾害，改变落后面貌，极大提高了社员的生活水平。1958 年 3 月 20 日，封丘县委将应举社依靠合作社集体力量苦干创业的事迹报告给了毛泽东。当时正在南下考察的毛泽东，读到了这则报告并写了这篇介绍性的文章，连同报告一起发表在当年 6 月 1 日出版的《红旗》杂志创刊号上。

毛泽东在这篇文章中引用这首诗，是希望当时全国七十多万个农业合作社，能像应举社一样，充分调动和发挥广大人民群众的力量，奋发自强，战胜困难，在一穷二白的中国大地上，开展轰轰烈烈的社会主义建设，"好写最新最美的文字，好画最新最美的画图"。

关于毛泽东引用这首诗的深刻用意，若我们联系龚自珍一生的理想和追求去看待，也许更容易理解。龚自珍一生都希望通过改革弊政挽救清王朝的命运，特别希望能够突破封建束缚，积极发现和选好用好人才。他曾在《尊隐》这篇政论文中，抨击清王朝对人才的束缚和杀戮而导致人才不再出现于"京师"而是进入了"山野"。他期望终有一日,"山中之民"能够"有大音声起,天地为之钟鼓,神人为之波涛",迸发出撼动一切的力量。龚自珍的思想无疑有其时代局限性,其所谓"山中之民"当然也与毛泽东心中的人民大众有着不同,但在一定意义上却可以作些类比,他们都是各自时代所需要的积极进取、斗志昂扬的一群人。

龚自珍批判腐朽、渴望变革的心境和对理想社会政治局面的追求,与这时毛泽东所期望的全国人民在新的社会制度下振奋精神,上下一心,不畏困难,热火朝天地开展社会主义建设的图景,在某种程度上是契合的。正如毛泽东在《介绍一个合作社》中所写:"人多议论多,热气高,干劲大。从来也没有看见人民群众像现在这样精神振奋,斗志昂扬,意气风发。过去的剥削阶级完全陷落在劳动群众的汪洋大海中,他们不想变也得变。至死不变、愿意带着花岗岩头脑去见上帝的人,肯定有的,那也无关大局。一切腐朽的意识形态和上层建筑的其他不适用的部分,一天一天地土崩瓦解了。彻底扫除这些垃圾,仍然需要时间;这些东西崩溃之势已成,则是确定无疑的了。"

当历史的车轮滚滚向前,我们在总结和反思过往的同时,也可以通过这样一首被毛泽东引用过的诗歌,走近当时历史条件下一代伟人的内心深处——那份在艰辛岁月中对国家建设和发展的热切期盼，对人民群众力量的信任与认同，值得我们感动和尊重。

● **作诗化用：咏史自出机杼**

毛泽东第三次引用这首诗，是在自己的诗歌中对其进行了化用。

作为诗词大家的毛泽东，其诗词创作的题材涉猎广泛，其中咏史怀古诗就有多篇，1958年创作的《七绝·刘蕡》就是其中一首。正是在这首诗中，毛泽东化用了《己亥杂诗》中"万马齐喑究可哀"一句。《七绝·刘蕡》全诗为：

千载长天起大云，
中唐俊伟有刘蕡。
孤鸿铩羽悲鸣镝，
万马齐喑叫一声。

刘蕡，中唐时人。828年，朝廷发诏举贤良方正。刘蕡对策痛斥宦官专权之害，力劝皇帝诛灭宦官，言"宫闱将变，社稷将危"，"四凶在朝，虽强必诛"。当时的考官赞赏刘蕡的勇气和文才，但又惧怕宦官专横，恐殃及于己，最终没有录用他。835年，地方节度使令狐楚、牛僧孺相继征召刘蕡为幕府从事，授秘书郎职。后刘蕡因宦官诬陷而获罪，贬为柳州司户参军，客死他乡。毛泽东不仅专门以刘蕡为题作诗一首，还对《旧唐书·刘蕡传》进行了批注。毛泽东非常欣赏刘蕡的策论，在策论的开头处批注了"起特奇"三个字加以称赞，又在结尾处批写"以上导语，以下条对"，虽寥寥数语，却对刘蕡及其策论给予了高度评价。

在这首《七绝·刘蕡》中，毛泽东盛赞了刘蕡的勇气。这首诗的起句就说，在跨越千年的历史长河中，刘蕡是当之无愧的中唐俊杰。他敢于直谏、不畏强权，令人景仰，然而他也因此不断遭到宦官的中伤和打击，恰如羽翼遭到摧残的"孤鸿"一般。在末一句中，毛泽东自出机杼，化用了《己亥杂诗》中的"万马齐喑究可哀"，将其改为"万马齐喑叫一声"，描写的是刘蕡尽管遭受压迫和打击，但依然能够在沉闷的政治环境中，提出振聋发聩的主张。"万马齐喑"最早出自宋代苏轼在《三马图赞》序中所写"振鬣长鸣，万马皆喑"，龚自珍化用前人诗句，创作为"万马齐喑究可哀"。而在这里，毛泽东反其意而用之，将与"万马齐喑"相搭配的词语，由"究可哀"改为"叫一声"，使原诗中本来所表达的对政治氛围的愤懑哀叹改换成了称颂刘蕡不惧黑暗、敢于发声的勇气。这只"孤鸿"拖着被"鸣镝"伤害的身躯，向着沉寂的天空，发出巨大的声响。这里的"孤鸿"意象也因此在古典诗词意象中变得独特，与"缥缈孤鸿影""孤鸿号外野"等句中的"孤鸿"更重"孤独"相比，这里的"孤鸿"增添了一份悲壮而自强的气息。

毛泽东之所以在这首咏叹刘蕡的诗歌中联想到龚自珍的诗句，与龚刘二人经历与个性中存在的某些相似之处当有一定关系。二人都是一介书生，渴望以科举入仕，匡扶朝政。他们都勇于直陈对朝政弊病的看法，甚至都在考试策论中直言进谏，这种勇气与担当是一般人无法企及的。而他们也都因此遭受当权者的迫害和打击，志不得舒，沉寂下僚。刘蕡和龚自珍二人精彩绝伦的策论、勇于进谏的精神、不畏强权的勇气，在毛泽东心中留下了深刻的印记，引起了他思想上的共鸣。

毛泽东三用《己亥杂诗》，用的方式各不相同，表达主题也各有侧重，但万变不离其宗，这"宗"就是龚自珍诗歌中始终蕴含的为国计民生考量、为冲破黑暗鼓与呼的追求。

主要参考书目

［1］《毛泽东选集》（第一——四卷），人民出版社1991年版。

［2］《毛泽东文集》（第一——五卷），人民出版社1993年版。

［3］《毛泽东书信选集》，人民出版社1983年版。

［4］《毛泽东读文史古籍批语集》，中央文献出版社1993年版。

［5］《毛泽东年谱（1893—1949）》（修订本），中央文献出版社2013年版。

［6］《毛泽东年谱（1949—1976）》（修订本），中央文献出版社2013年版。

［7］陈晋著：《毛泽东与文艺传统》，中央文献出版社1992年版。

［8］陈晋著：《毛泽东之魂》，中央文献出版社1997年版。

［9］陈晋著：《文人毛泽东》，上海人民出版社1997年版。

［10］龚国基著：《毛泽东与中国古代诗人》，中央文献出版社2003年版。

［11］盛巽昌著：《毛泽东眼中的历史人物》，上海辞书出版社2008年版。

［12］张贻玖著：《毛泽东读诗》，当代中国出版社2012年版。

［13］曾珺著：《毛泽东的诗赋人生》，中国言实出版社2019年版。

［14］［俄］尼·费德林著：《费德林回忆录：我所接触的中苏领导人》，周爱琦译，新华出版社1995年版。

［15］中共中央文献研究室、中共湖南省委《毛泽东早期文稿》编写组：《毛泽东早期文稿》，湖南出版社1990年版。

[16] 张贻玖编：《毛泽东评点、圈阅的中国古典诗词》，中国工人出版社1992年版。

[17] 中央档案馆编：《毛泽东手书选集》，北京出版社1993年版。

[18] 龚育之、逄先知、石仲泉编：《毛泽东的读书生活》，生活·读书·新知三联书店1996年版。

[19] 刘永平编著：《毛泽东手书古诗词选注》，当代中国出版社1996年版。

[20] 中共中央文献研究室编：《毛泽东诗词集》，中央文献出版社1996年版。

[21] 毕桂发主编：《毛泽东批阅古典诗词曲赋全编》，中国工人出版社1997年版。

[22] 毕桂发主编：《毛泽东评说中国古代散文赏析》，中央文献出版社2003年版。

[23] 中共中央文献研究室编：《毛泽东手书历代诗词曲赋典藏》，中央文献出版社2007年版。

[24] 中央档案馆编：《毛泽东手书古诗词》，北京出版社2008年版。

[25] 逄先知、金冲及主编：《毛泽东传》，中央文献出版社2013年版。

[26] 陈晋主编：《毛泽东读书笔记精讲》，广西人民出版社2017年版。

[27] 中央档案馆整理：《毛泽东评点诗词曲精选》，中央档案出版社1998年版。

后记

在党的百年华诞之际,能够完成这本《毛泽东手书古诗词十七讲》,于我而言,实属一桩幸事。

撰写这样一部书,是我长久以来的心愿。年少时,我便对中华传统文化十分感兴趣,尤其热爱古典诗文与古代书画,就读于中国人民大学时也选择进入国学院进行进一步学习。就职于中央党史和文献研究院后,我始终致力于研究中国共产党与中华传统文化之间的关系,而毛泽东对于中国古代文学家及其作品的品评与赏析,正是我研究这一问题的切入点。在这一过程中,我翻阅了大量毛泽东的手书和一手档案资料。毛泽东手书的古典诗词作品,技艺之精湛、笔法之优美,令我折服。于是,将诗、书、思三者联系起来,撰写一部从毛泽东书法入手,探寻毛泽东与古代文学家之间关系的书籍便在我的脑海中成形。

这部书主要参考了毛泽东的著作集、年谱、传记、手书选集等,以及前辈学者已有的相关研究成果。为保持阅读的流畅,我在引用时没有标明出处,仅列出参考书目,敬请读者谅解。

撰写过程中,作为"90后"的我深切感受到,没有前辈学者甘为人梯的基础性编辑工作,便不会有今天众多优秀研究成果的产生,更不会有本书的面世。在此,谨向致力于党史和文献工作的各位前辈学者致以崇高的敬意!

本书得以顺利出版,我要特别感谢我的父母与亲人无私的陪伴与支持，感谢挚友自始至终的鼓励与指导，感谢编辑吴常春老师、郭方欣然老师、柳明慧老师辛勤的付出与帮助。

  毛泽东喜爱的诗人李白曾在山中写下"却顾所来径，苍苍横翠微"的动人诗句。回首过去的人生历程，我心怀感恩。愿以此书作为过去人生的一个句点，下一段人生的启程。也愿所有读者都能从此书中得到些许收获。于此，便是我最大的慰藉了。

  最后，借此句与诸君共勉：

  今美于昨，明日复胜于今。

董晓彤

2021 年于前毛家湾

图书在版编目（CIP）数据

毛泽东手书古诗词十七讲 / 董晓彤 著 . — 北京：东方出版社，2023.9
ISBN 978-7-5207-2616-0

Ⅰ.①毛… Ⅱ.①董… Ⅲ.①毛主席诗词—手稿—研究 Ⅳ.① A45

中国国家版本馆 CIP 数据核字 (2023) 第 078012 号

毛泽东手书古诗词十七讲
（MAO ZEDONG SHOUSHU GUSHICI SHIQIJIANG）

作　　者：董晓彤
责任编辑：姬　利　柳明慧
出　　版：东方出版社
发　　行：人民东方出版传媒有限公司
地　　址：北京市东城区朝阳门内大街 166 号
邮　　编：100010
印　　刷：北京启航东方印刷有限公司
版　　次：2023 年 9 月第 1 版
印　　次：2023 年 9 月第 1 次印刷
开　　本：660 毫米 ×960 毫米　1/16
印　　张：14.25
字　　数：90 千字
书　　号：ISBN 978-7-5207-2616-0
定　　价：128.00 元
发行电话：（010）85924663　85924644　85924641

版权所有，违者必究
如有印装质量问题，我社负责调换，请拨打电话：（010）85924602　85924603